Masoud Abessi

Como medir a sobrecarga de informação nos sítios de comércio eletrónico?

Masoud Abessi

Como medir a sobrecarga de informação nos sítios de comércio eletrónico?

Imprint

Any brand names and product names mentioned in this book are subject to trademark, brand or patent protection and are trademarks or registered trademarks of their respective holders. The use of brand names, product names, common names, trade names, product descriptions etc. even without a particular marking in this work is in no way to be construed to mean that such names may be regarded as unrestricted in respect of trademark and brand protection legislation and could thus be used by anyone.

Cover image: www.ingimage.com

This book is a translation from the original published under ISBN 978-620-2-01263-8.

Publisher:
Sciencia Scripts
is a trademark of
Dodo Books Indian Ocean Ltd. and OmniScriptum S.R.L publishing group

120 High Road, East Finchley, London, N2 9ED, United Kingdom
Str. Armeneasca 28/1, office 1, Chisinau MD-2012, Republic of Moldova, Europe
Printed at: see last page
ISBN: 978-620-7-77367-1

MEDIÇÃO DA CARGA DE INFORMAÇÃO DOS SÍTIOS DE COMÉRCIO ELECTRÓNICO COM UM DISPOSITIVO EEG

SARA AFKHAMI RAD

Medição da carga de informação dos sítios Web de comércio eletrónico com um dispositivo EEG

Sara Afkhami Rad
Mashhad, Irão
Universidade da Malásia

Índice de conteúdo

RESUMO 3

INTRODUÇÃO 4

REVISÃO DA LITERATURA 10

SINAIS CEREBRAIS E MEMÓRIA DE TRABALHO 34

METODOLOGIA DE INVESTIGAÇÃO 36

HIPÓTESE 36

METODOLOGIA 38

RESULTADOS DA INVESTIGAÇÃO 46

RESUMO DOS RESULTADOS DA INVESTIGAÇÃO: 54

CONCLUSÃO E RECOMENDAÇÕES 55

TRABALHO FUTURO 57

IMPLICAÇÕES 58

BIBLIOGRAFIA 59

RESUMO

A sobrecarga de informação é um problema permanente que afecta o processo de tomada de decisão no comportamento de compra. Este problema torna-se mais grave no ambiente em linha, onde o custo de obtenção de informação é muito inferior ao do mercado tradicional. Este fenómeno no ambiente em linha pode resultar na perda de prosperidade neste ambiente. Por isso, é importante descobrir a quantidade ideal de informação a oferecer ao cliente para o atrair e também para o ajudar a tomar a melhor decisão. A investigação atual consiste em encontrar uma forma de medir a carga de informação dos sítios Web de comércio eletrónico. Utilizando um aparelho EEG para medir a potência média teta e alfa como dois representantes da carga da memória de trabalho, mostrámos a relação entre a potência teta e alfa e a carga de informação dos sítios Web. Escolhemos seis sítios Web e testámos a sua carga de informação numa investigação-piloto e descobrimos dois sítios Web com carga excessiva, dois sítios Web com carga de informação moderada e dois sítios Web com carga insuficiente. Em seguida, concebemos uma experiência e utilizámos um dispositivo EEG para medir a potência teta e alfa de 10 indivíduos enquanto faziam compras nesses sítios Web. Encontrámos um número médio de teta e alfa para os sítios Web de sobrecarga, carga moderada e carga insuficiente, que pode ser utilizado na conceção de sítios Web de comércio eletrónico.

INTRODUÇÃO

Tradicionalmente, podemos acreditar que mais informação pode levar a uma melhor decisão. Tal como (Iyengar & Leppe, 2000) afirmam que, durante muitos anos, as pessoas assumem que ter mais escolha é mais desejável e que isso pode levar a uma melhor decisão, e durante muitos anos as teorias psicológicas e a investigação demonstraram esta suposição, em muitos domínios, como a satisfação com a vida, a motivação intrínseca com o aumento da escolha e assim por diante. Mas esta satisfação vai até um determinado ponto e, depois disso, mais escolhas e mais informação podem levar a confusões e erros de compra e, consequentemente, a uma diminuição da satisfação. (Owen, 1992)

A literatura económica desenvolve uma ideia segundo a qual um maior leque de escolhas aumenta a possibilidade de os clientes fazerem corresponder as suas necessidades à alternativa oferecida. Uma maior opção de escolha é favorável aos compradores porque lhes dá mais liberdade na tomada de decisões, mas também diminui o nível de confiança. Porque é que os clientes continuam a procurar mais opções? (Chernev, 2006) acredita que a razão é que os clientes não sabem exatamente o que querem, pelo que a dimensão do sortido é uma função do foco de decisão dos clientes e do grau em que a tarefa de compra é proeminente para os clientes. Oferecer mais escolha pode ser mais favorável para os clientes, mas tem consequências adversas na tomada de decisões porque aumenta a necessidade de recursos cognitivos e, por conseguinte, mais esforço para avaliar e tomar decisões.

O equilíbrio entre a dimensão do sortido e o esforço necessário para tomar uma decisão é importante. Um sortido pouco vasto pode levar à insatisfação, bem como a escolhas demasiado numerosas que sobrecarregam os clientes.

Considerando também o "direito de saber" dos consumidores, (Jacoby, Speller, & Kohn, 1974) encontraram uma correlação linear positiva entre a quantidade de informação sobre o produto e o sentimento subjetivo de satisfação e uma correlação linear negativa com a confusão, bem como uma relação curvilínea (sobrecarga de informação) entre a quantidade de informação e a exatidão ou a "correção" da decisão de compra.

O aumento da informação sobre o produto conduz a uma sobrecarga de informação, diminuindo assim a satisfação e a fidelidade do cliente (Lee, 2004). "O peso de uma grande carga de informação confunde o indivíduo, afecta a sua capacidade de estabelecer prioridades e dificulta a recordação de informações anteriores" (Schick, Gorden, & Haka, 1990).

O crescimento da Internet e da tecnologia Web melhorou o comércio eletrónico. Cada vez mais pessoas estão a aderir a este mercado, o que altera o comportamento comercial tradicional e as pessoas começam a utilizar a Internet para fazer compras. Devido à natureza da Internet e da World Wide Web, a informação fornecida sobre os produtos aumenta exponencialmente, criando assim uma sobrecarga de informação. O excesso de informação provoca stress e falsas decisões, pelo que reduz a satisfação e a fidelidade do cliente. Esta insatisfação leva os clientes a deslocarem-se do ambiente em linha para os centros comerciais e centros comerciais tradicionais, onde podem falar cara a cara com os vendedores. No mercado tradicional, os clientes estão limitados na aquisição de informações devido ao espaço do ambiente de compras e à capacidade física dos clientes. Mas no espaço virtual da Internet há espaço ilimitado para colocar diferentes produtos e fornecer informações sobre cada produto; os clientes não precisam de andar de loja em loja para encontrar diferentes produtos. Os vendedores vão oferecer mais opções para atrair mais clientes com preferências diferentes.

A sobrecarga de informação no ambiente em linha é um pouco diferente do que os investigadores definiram nas literaturas anteriores porque, no passado, as pessoas sofriam com uma enorme quantidade de informação (relacionada ou não relacionada) e levavam tempo a encontrar informação relevante a partir de informação irrelevante, mas hoje em dia, com a ajuda da Internet e dos motores de busca, este problema é menos importante do que o novo problema da enorme quantidade de informação parcialmente relevante e, por vezes, enganadora. A capacidade de processamento necessária para considerar toda a informação na maior parte do tempo é maior do que a capacidade das pessoas comuns. O problema manifesta-se especialmente nas situações em que os clientes não têm conhecimentos adequados sobre o produto, o que acontece com o tipo de produto que não é comprado com frequência, pelo que os clientes não podem avaliar todas as informações de forma correspondente e, por conseguinte, enfrentam uma sobrecarga de informação. (Lee, 2004)

Por exemplo, imagine que quer comprar uma máquina fotográfica digital. Basta passar alguns minutos a pesquisar na Internet para encontrar uma tabela como a que se segue (Figura 1). Esta é apenas uma comparação entre 4 modelos de câmaras que seleccionei; o número real é de cerca de 150 modelos. Mas só com estes 4 modelos é possível ver o número de itens a comparar e, sem saber exatamente o que se pretende e sem ter informação suficiente sobre a máquina fotográfica digital, seria muito difícil decidir qual a máquina adequada para si. (Estes modelos estão na mesma gama de preços)

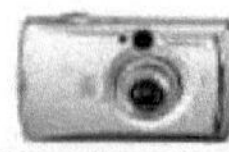

Type	Nikon Coolpix SQ	Sony Cybershot DSC V1	Canon Powershot SD430	Canon PowerShot E1
Resolutie	3.20 Mpixel	5.20 Mpixel	5.30 Mpixel	10.00 Mpixel
Maximale resolutie	2016x1512	2592x1944	2592x1944	3648x2736
Minimale resolutie	640x480	640x480	640x480	640x480
Formaat beeldsensor	1/2.7-inch	1/1.8-inch	1/2.5-inch	1/2.3-inch
Type beeldsensor	CCD	CCD	CCD	CCD
Optische zoom	ja	ja	ja	ja
Brandpuntverlenging	n/a	n/a	n/a	n/a
Zoom groothoek (mm)	37	34	35	35
Zoom tele (mm)	111	136	105	140
Digitale zoom	ja	ja	ja	ja
Auto focus	ja	ja	ja	ja
Manual focus	nee	ja	nee	nee
Scherpstelafstand (cm)	30	40	30	50
Macro scherpstelafstand (cm)	4	10	3	3
ISO instelling	auto (70-200)	auto, 100, 200, 400, 800	auto, 50, 100, 200, 400	auto, 80, 100, 200, 400, 800, 1600
Diafragma voorkeuze	nee	ja	nee	nee
Minimale diafragma groothoek	f2.7	f2.8	f2.8	f2.7
Maximale diafragma groothoek	unknown	unknown	unknown	unknown
Minimale diafragma tele	f4.8	f4	f4.9	f5.6
Maximale diafragma tele	unknown	f8	unknown	unknown
Sluitertijd voorkeuze	nee	ja	nee	nee
Minimale sluitertijd (sec)	2	30	15	15
Maximale sluitertijd (sec)	1/2000	1/2000	1/1500	1/1600
Serieopnamen (fps)	unknown	3	2.1	unknown
Interne flitser	ja	ja	ja	ja
Externe flitser	nee	ja	nee	nee
Externe flitser type	n/a	Hot-shoe	n/a	n/a
Belichtingscompensatie	-2EV - +2EV with 1/3EV steps	-2EV - +2EV with 1/3EV steps	-2EV - +2EV with 1/3EV steps	-2EV - +2EV with 1/3EV steps
Video functie	ja	ja	ja	ja
Video geluid	ja	ja	ja	ja
Maximale video resolutie	320x240	640x480	640x480	640x480
Minimum video resolutie	160x120	160x112	320x240	160x120
Beelden per seconde (fps)	15	16	30	30
Voice recording	ja	ja	NB	ja
Optische zoeker	nee	ja	ja	nee
Electronische zoeker	nee	nee	nee	nee
LCD monitor	ja	ja	ja	ja
LCD monitor formaat	1.5-inch	1.5-inch	2-inch	2.5-inch
LCD monitor resolutie (pixels)	117,600	123,000	118,000	115,000
Zelfontspanner	ja	nee	ja	ja
USB	USB 1.1	USB 2.0	USB 2.0 Hi-Speed	USB 2.0 Hi-Speed

O problema da sobrecarga é uma questão importante na área do SIG, bem como noutras áreas de negócio, porque afecta a tomada de decisões e acarreta custos para a empresa.

Há muitos artigos que apoiam esta ideia, de que a sobrecarga de informação afecta a tomada de decisões dos seres humanos (por exemplo: (Ackoff, 1967); (Iselin, 1988); (Swain

& Haka, 1999); (Jacoby, Speller, & Kohn, 1974); (Owen, 1992)).

Numa visão holística, podemos definir a sobrecarga de informação da seguinte forma:

Requisitos de tratamento da informação > Tratamento da informação

A questão aqui é saber como podemos medir a sobrecarga de informação? Até agora,

foram efectuadas muitas investigações para mostrar como a sobrecarga de informação

pode afetar o processo de tomada de decisões e as formas de a reduzir, como a matriz de

comparação ou outros sistemas especializados concebidos para ajudar o ser humano a

enfrentar os fenómenos de sobrecarga. Mas, de facto, não existe uma ferramenta para

medir a sobrecarga.

O objetivo da minha investigação é encontrar um método para medir a sobrecarga de

informação humana durante as compras em linha.

Há muitos anos que os neurologistas e psicólogos utilizam aparelhos para medir os sinais

cerebrais, chamados EEG (Eletroencefalografia). Hoje em dia, este tipo de aparelho está

muito desenvolvido e é muito fácil de utilizar. Instalando um elétrodo na cabeça e dois nos

ouvidos e utilizando um software, podemos medir os sinais cerebrais. O aparelho EEG pode

registar a atividade eléctrica dos neurónios no cérebro. Os investigadores demonstraram

que alguns dos sinais registados pelo aparelho EEG podem mostrar as funções da memória

de trabalho. A memória de trabalho, tal como definida pelos neurologistas, é: um sistema

que mantém e armazena temporariamente informações para apoiar o processo de

pensamento, e este sistema comunica com a memória de longo prazo (Baddeley, 2003).

De acordo com esta definição, os fenómenos de sobrecarga devem ocorrer no sistema de

memória de trabalho.

Se a apresentação de mais informação, que conduz a uma sobrecarga de informação, tem

alguma relação com os sinais cerebrais e se a carga de informação é mensurável com um

aparelho EEG?

Estou concentrado em testar os sinais EEG emitidos pelas mentes dos sujeitos que estão a fazer compras em linha. Por isso, o meu âmbito é apenas as compras em linha, devido às características do ambiente em linha. Este aspeto ainda não foi explorado e a questão é bastante recente.

O projeto de documento está organizado da seguinte forma. Em primeiro lugar, analiso brevemente a literatura relevante sobre o conceito de sobrecarga de informação, seguida da literatura que mostra o ambiente de sobrecarga nas compras em linha e, em seguida, exploro a relação entre a sobrecarga de informação e a tomada de decisões humanas. A parte seguinte da revisão da literatura é sobre o conceito de memória de trabalho, seguindo-se a literatura sobre o dispositivo e os sinais EEG e, no final, analisei a relação entre os sinais cerebrais e a memória de trabalho (carga de informação). Em seguida, desenvolvo um conjunto de hipóteses relativas à forma como espero que os sinais cerebrais mostrem a carga de informação durante uma tarefa de compras em linha. Segue-se uma descrição do método utilizado para testar estas hipóteses. Em seguida, apresento os resultados do meu estudo empírico. Por fim, discuto a conclusão e a aplicação comercial da minha investigação.

REVISÃO DA LITERATURA

Como a minha investigação contém 3 conceitos diferentes e cada um deles necessita de uma concentração específica, discuti cada assunto separadamente para o tornar mais categorizado. No início, explicarei o conceito de carga de informação e como a literatura define a carga de informação. Em seguida, mostrarei brevemente como a Internet pode aumentar a carga de informação e como a Internet afecta o comportamento de compra dos clientes. Depois disso, falarei sobre a literatura relacionada com o papel da carga de informação na tomada de decisões e descreverei por que razão este conceito deve ser considerado uma questão importante na conceção de um sítio Web de comércio eletrónico. Assim, a primeira parte da minha literatura é sobre o papel da carga de informação e a importância deste conceito. A segunda parte da minha bibliografia é sobre o método que utilizei para medir a carga de informação. Uma vez que utilizei um aparelho de EEG e que este aparelho é uma ferramenta da ciência neurológica e que essa área tem a sua própria terminologia, tenho de explicar o conceito de memória de trabalho que utilizei na outra parte da minha investigação. A memória de trabalho é um sistema no qual ocorre uma sobrecarga de informação durante as compras. Em seguida, expliquei o que é o aparelho de EEG e a sua terminologia e, no final, apresento a literatura que apoia a relação entre os sinais cerebrais e a memória de trabalho que medi.

Part 1 :

i.   Conceito de sobrecarga de informação

ii.   Mercado eletrónico

iii. Sobrecarga de informação e tomada de decisões

Part 2

i.   Memória de trabalho

ii.   Dispositivos EEG

iii. Sinais cerebrais e   memória de trabalho

O CONCEITO DE SOBRECARGA DE INFORMAÇÃO

Na linguagem comum, a sobrecarga de informação consiste em receber demasiada informação. De facto, o desempenho (tomada de decisões) de um indivíduo muda com a quantidade de informação que recebe. Em termos gerais, os investigadores descobriram que a qualidade das decisões de um indivíduo tem uma correlação positiva com a quantidade (número de informações) de informação que recebe até um certo ponto. Com o fornecimento de mais informações para além deste ponto, o desempenho (qualidade da decisão ou da tarefa) do indivíduo diminuirá (Chewning & Harrel, 1990). A informação fornecida para além deste ponto deixará de ser integrada no processo de tomada de decisão e o resultado será a sobrecarga de informação.

Scammon, (1977) define a sobrecarga de informação como a limitação que o consumidor enfrenta na sua capacidade de analisar e lidar com uma grande quantidade de informação, num período de tempo limitado.

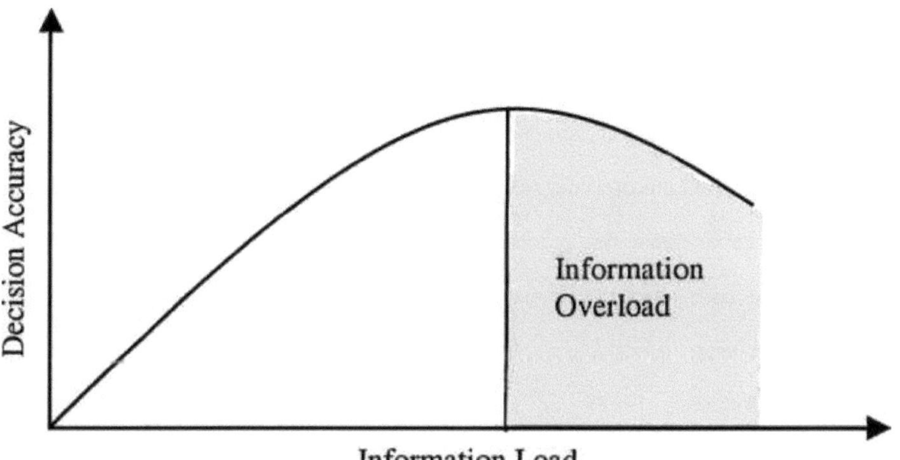

Figura 2- Sobrecarga de informação como curva em U invertido (Schroder et al., 1967)

(Eppler & Mengis, 2004) fizeram uma revisão da literatura sobre a sobrecarga de informação e analisaram o problema da sobrecarga de informação em diferentes áreas da gestão, como a ciência da organização, a contabilidade, o marketing e o sistema de informação de gestão (SIG). A partir da recolha de toda a literatura, descobriram que existem diferentes sinónimos nesta área, tais como sobrecarga cognitiva, sobrecarga sensorial, sobrecarga de comunicação, sobrecarga de conhecimentos e síndrome de fadiga da informação. Estes termos são aplicados a diferentes áreas de negócios e de gestão, desde a auditoria à definição de estratégias e até às compras no supermercado. Eppler e Mengis encontraram cinco razões para a sobrecarga de informação na literatura: em primeiro lugar, a quantidade de informação (como a quantidade, a frequência, a intensidade e a qualidade); em segundo lugar, a pessoa que recebe a informação; em terceiro lugar, o processo da tarefa que tem de ser completado por uma pessoa; em quarto lugar, a estrutura ou conceção organizacional; e, por último, a utilização da tecnologia da informação.

O conceito de sobrecarga de informação na área do marketing é definido como uma comparação entre o volume de informação fornecida (número de marcas ou atributos disponíveis para cada escolha) e a capacidade individual de processamento de informação. Se a informação fornecida for superior à capacidade de processamento, então a sobrecarga pode tornar-se o resultado e, devido a esta sobrecarga, podem ocorrer consequências disfuncionais.

Embora alguns investigadores acreditem que existe uma relação entre a carga de informação e a capacidade de processamento e que, com o aumento da quantidade de informação, a capacidade de processamento aumenta simultaneamente, também descobriram que este aumento da capacidade de processamento também tem uma limitação. Assim, estão a concordar com o problema da sobrecarga da mesma forma (Schultze & Vandenbosch, 1998)

Diferentes estudos encontram diferentes elementos que afectam a sobrecarga de informação. Por exemplo, Schick et al. (1990) mencionam o tempo como um fator crucial que afecta o problema da sobrecarga de informação.

Um dos outros factores que afectam a sobrecarga de informação são as características da informação. A variação no tipo de informação pode ser em termos de atributos, intensidade ou complexidade da informação e cada um destes tipos pode contribuir para a sobrecarga de informação ou para a sua redução (Keller & Staelin, 1987).

A quantidade de informação pode ser definida em termos de dimensões dos dados disponíveis para cada marca (atributos). A literatura sugere dois tipos de sobrecarga de informação: em primeiro lugar, o número de marcas apresentadas ao cliente; em segundo lugar, o número de atributos de cada opção. As empresas e, especialmente, os profissionais de marketing têm o controlo sobre a quantidade de informação por marca, enquanto o consumidor ou o vendedor da loja tem o controlo sobre o número de marcas a considerar (Wilkie, 1974). Mas, atualmente, as lojas em linha têm controlo sobre o número de atributos e também sobre o número de marcas que querem promover no seu sítio Web.

No domínio do marketing ou da investigação sobre o consumidor, com a explosão do número de marcas, os clientes deparam-se com muitas escolhas e, em resultado desta explosão, o consumidor pode ficar sobrecarregado. Jacoby, Speller e Kohn são os primeiros investigadores que testaram o efeito da quantidade de informação na tomada de decisão do cliente no ambiente do supermercado. Conceberam um estudo fatorial 3×3 e, em seguida, testaram o efeito da quantidade de informação sobre a marca na decisão de escolha da marca. Os seus resultados corroboram o fenómeno da sobrecarga de informação.

Na verdade, na área do marketing, a importância da sobrecarga de informação deve-se ao impacto deste fenómeno na qualidade da escolha do cliente, no tempo de decisão e no número de informações que podem ser processadas pelo cliente numa situação de compra.

Uma questão importante é medir a quantidade de informação que a mente humana é capaz de processar. (Miller, 1956) tentar descobrir qual é esse número.

Podemos ver que, por muitas razões, as pessoas podem ficar sobrecarregadas e um dos factores que afectam este problema (sobrecarga de informação) são as TI. A utilização das tecnologias da informação pode ajudar a reduzir a ambiguidade da informação e também a filtrar a informação e a reduzir a quantidade de informação irrelevante. Mas também pode aumentar a quantidade de informação, facilitando o processo de aquisição de informação. Na próxima secção, mostrarei como a Internet pode afetar o problema da carga de informação:

INTERNET E SOBRECARGA DE INFORMAÇÃO

Hoje em dia, toda a gente utiliza a Internet como fonte de informação e, com um pouco de conhecimentos de TI, pode obter informações enormes (relacionadas ou não relacionadas, dependendo da utilização dos motores de busca) sobre tudo o que quiser, pelo que podemos olhar para a Internet como um fenómeno que alterou o ambiente empresarial.

A oportunidade especial que o ambiente em linha deu ao vendedor é que os vendedores e as empresas são capazes de criar características muito interactivas. Estas características interactivas ajudam a reduzir a carga de informação e também a melhorar o processo de tomada de decisões. A razão do crescimento destas ferramentas interactivas é o aumento drástico do número de empresas e vendedores que querem utilizar a WWW como uma nova forma de atrair novos clientes. Com a existência destas ferramentas e outras opções, o ambiente em linha é um ambiente de compras totalmente novo, cujo comportamento de compra nesta área é fundamentalmente diferente do mercado tradicional (Haubl & Trifts, 2000)

A Internet e o ambiente em linha deram esta capacidade aos vendedores e aos compradores para tirarem partido de informação gratuita, enorme e fácil. Mas parece que ainda existem problemas com este novo produto, por exemplo:

Num mercado ideal, todos os vendedores cobram um preço único, pelo que não há necessidade de procurar. Mas, na realidade, o preço é mais elevado do que o custo marginal e, por isso, os compradores são confrontados com custos de pesquisa, que variam de comprador para comprador. Assim, os vendedores tiram partido deste facto e cobram aos clientes.

(Fama, 1998) fala do termo eficiência do mercado que se baseia na teoria económica do equilíbrio dos preços que resulta da interação das forças da oferta e da procura. No seu mercado eficiente, a informação é acessível e de baixo custo para todos. No mercado tradicional, o termo eficiência de mercado não é facilmente acessível, mas parece que com a utilização da Internet e da tecnologia da World Wide Web deve ser fácil de alcançar. Mas (Grover, Lim, & Ayyagari, 2006), que se debruçaram sobre a eficiência do mercado no mercado eletrónico, argumentam que o aço no mercado eletrónico sofre de dispersão de preços.

Isto mostra que a Internet não pode resolver o problema do fornecimento de informação. Os investigadores consideram que existe um problema com esta forma fácil e gratuita de

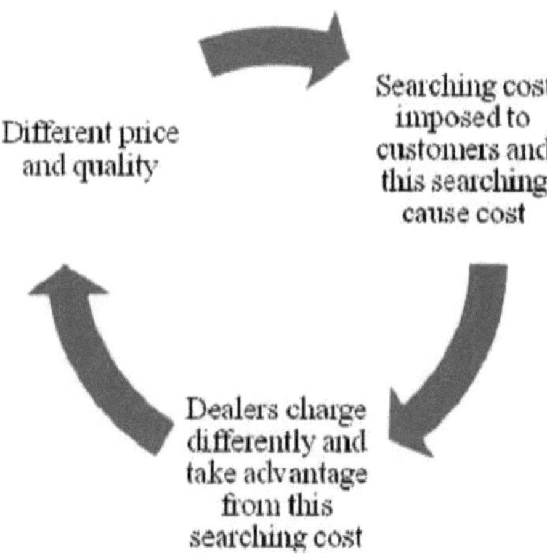

Figura 3 - Preço e fluxo de informação em ambientes em linha

informações a seguir.

O mercado eletrónico é útil para a relação vertical entre vendedor e comprador e o seu principal impacto é a redução do custo de pesquisa sobre o preço e também sobre as ofertas de produtos disponíveis no mercado. o dos custos de pesquisa dos preços e das ofertas de produtos dispon Existe um pressuposto de simplificação na microeconomia, segundo o qual os compradores devem incorrer em custos para obter informações completas sobre os preços e as ofertas de produtos dos vendedores num mercado. Com a ajuda do mercado eletrónico, podemos reduzir este custo e avançar para um pressuposto mais realista em termos de "informação completa". (Bakos, 1991)

(Bakos, 1991) apresenta 5 características principais dos sistemas de mercado eletrónico, uma das quais está relacionada com a minha investigação: Um mercado eletrónico pode reduzir os custos tanto do comprador como do vendedor. Do lado do comprador, com a redução do custo de obtenção de informações sobre o preço e também sobre as alternativas de produtos e, do lado do vendedor, com a redução do custo de comunicação.

Com a crescente utilização da Internet, os custos de obtenção de informação diminuem drasticamente, o que leva a reduzir a assimetria de informação e o comportamento oportunista, conduzindo assim a mercados electrónicos eficientes. Neste caso, deveríamos assistir a algumas alterações nas causas desta situação, por exemplo, no que se refere à dispersão de preços, podemos esperar não ver dispersão de preços no mercado eletrónico, mas o aço de minério tem muitos problemas anteriores, tal como no mercado tradicional. Uma das razões pode ser a natureza da informação neste novo mercado, como a incerteza, a sobrecarga e o equívoco (Grover, Lim, & Ayyagari, 2006). (Ackoff, 1967) designou-o por "lado negro da informação", que não é necessariamente negativo, mas significa o lado desconhecido e o efeito da informação.

O custo de pesquisa tem, por si só, algum impacto no mercado, que (Bakos, 1991) classifica em 4 grupos: (1) o preço de venda diminui à medida que o custo de pesquisa de informação diminui; (2) a quantidade de pesquisa aumenta com a redução do custo de pesquisa; (3) a quantidade de pesquisa aumenta com o aumento da dispersão de preços e (4) com o aumento da dispersão de preços, o comprador consegue finalmente encontrar melhores negócios, embora a sua quantidade de pesquisa aumente, mas podemos concluir que o custo total de pesquisa diminui se todas as outras variáveis forem fixas (ceteris paribus).

Na definição de Grover, Lim e Ayyagari (2006), a incerteza da informação significa que a informação não está disponível para efetuar uma transação. A sobrecarga de informação ocorre quando a informação é maior do que a necessária. O equívoco da informação surge em situações ambíguas com múltiplos pontos de vista contraditórios entre as partes interessadas.

Com o aumento das compras na Internet, os fornecedores começam a aumentar a quantidade de informação relacionada com os produtos. Esta situação conduz a uma sobrecarga de informação e, devido à limitação humana no processamento dos dados, os consumidores têm de começar a filtrar a informação, o que provoca custos adicionais. Assim, reduz-se um tipo de custo e incorre-se noutro tipo.

(Grover, Lim, & Ayyagari, 2006) referem que a sobrecarga é uma forma de informação incompleta que esmaga o decisor, impedindo-o de decidir facilmente sobre a informação relevante. Neste caso, os autores concluem que os consumidores estão dispostos a pagar mais (preço mais elevado) para se livrarem desta ambiguidade. Também mencionam o efeito da informação nas preferências dos clientes, que podem ter percepções diferentes sobre o mesmo produto apenas com informações diferentes sobre os produtos. A informação em si é como as matérias-primas que requerem síntese e análise para criar conhecimento ou ajudar a tomar decisões, mas a qualidade da matéria-prima é importante para a qualidade do conhecimento resultante e/ou da decisão tomada. (Fornaciari, Loffredo, & Maria, 1999)(Fornaciari, Loffredo, & Maria, 1999) discute os factores que afectam a eficácia da Web e encontrou três problemas principais quando se trata da eficácia da Web:

1-   Conhecimento da tecnologia

2-   Relevância dos dados e sobrecarga de informação

3-   Avaliação da qualidade do sítio Web

Propõem algumas soluções para estes problemas (passos de solução para encontrar e avaliar eficazmente a informação baseada na Internet):

1-   Fazer da investigação uma atividade consciente

2-   Definir o problema de forma eficaz

3-   Definir as necessidades de informação

4-   Identificar as fontes de informação adequadas

5-   Avaliações em termos de credibilidade, qualidade, interpretação

Como podemos ver, todas as soluções não são adequadas para um simples comprador e

também não podem ajudar os não especialistas a resolver os seus problemas, pelo que

podem ser vistas como barreiras para todos os que desejam tirar partido das compras em

linha.

A partir das literaturas acima referidas, podemos ver como a Internet afecta a informação e
provoca uma sobrecarga de informação, não pode ajudar a alcançar um mercado ideal e
eficiente e as pessoas que trabalham no mercado em linha enfrentam os velhos problemas,
como a dispersão de preços.
Outro aspeto da sobrecarga de informação é o efeito da sobrecarga de informação na

tomada de decisões, que é o seguinte

SOBRECARGA DE INFORMAÇÃO E TOMADA DE DECISÕES

Tendo em conta o "direito de saber" dos consumidores, (Jacoby, Speller, & Kohn, 1974) encontraram uma relação linear positiva entre a quantidade de informação sobre o produto e o sentimento subjetivo de satisfação, uma relação linear negativa com a confusão e uma relação curvilínea (sobrecarga de informação) entre a quantidade de informação e a exatidão ou a "correção" da decisão de compra.

(Iyengar & Leppe, 2000) afirmaram que, durante muitos anos, o pressuposto de que ter mais escolha é mais desejável, e as teorias e investigações psicológicas demonstraram esta suposição em muitos domínios, como a satisfação com a vida, a motivação intrínseca com o aumento da escolha, etc. Mas esta satisfação é até um determinado ponto e, depois disso, mais escolhas e mais informações podem levar a confusões e erros de compra e, consequentemente, a uma diminuição da satisfação. (Owen, 1992)

O aumento da informação sobre o produto conduz a uma sobrecarga de informação, diminuindo assim a satisfação e a fidelidade do cliente. (Lee, 2004)

No ambiente de gestão, (Ackoff, 1967) apontou alguns factores principais que afectam a tomada de decisões em relação a questões de sistemas de informação de gestão. Um deles é a falta de informação relevante, o outro é o facto de a gestão necessitar de toda a informação que quiser e o terceiro é o facto de os gestores partirem do princípio de que, com toda a informação, o processo de tomada de decisões melhorará. Refere que, para fazer face às primeiras deficiências, a falta de informação relevante conduz, na maioria das vezes, a uma sobrecarga de informação. Assim, os gestores sofrerão de sobrecarga de informação. Têm de passar muito tempo a separar o que é relevante do que é irrelevante e a procurar os documentos básicos e principais. Quanto ao segundo fator, parte-se do princípio de que os gestores sabem o que querem. No mundo real, conhecer toda a informação necessária significa compreender bem os fenómenos. Mas, na maior parte das vezes, os gestores (e também todas as pessoas que pesquisam um caso) não conhecem muito bem os fenómenos, pelo que tendem a procurar mais variáveis (ou seja, o máximo possível), o que também conduz a uma sobrecarga de informação. Quanto à terceira, que diz "se o gestor tiver a informação de que necessita, a sua tomada de decisão melhorará", esta depende fortemente da capacidade dos gestores, depende da forma como os gestores podem utilizar eficazmente a informação necessária.

Como podemos ver pelo que Ackoff fez em 1967, encontraremos algumas semelhanças entre o que acontece nas organizações e o que acontece nas nossas decisões diárias. Queremos o máximo de informação possível, a maior parte das vezes não sabemos que tipo de informação queremos exatamente e, finalmente, a qualidade da nossa decisão depende da nossa capacidade de analisar toda a informação recebida.

Atualmente, é bem aceite que as mentes humanas têm limitações no processamento da informação. Os modelos de memória propostos pelos investigadores, como o "conceito de armazenamento múltiplo", o "nível de processamento" e o "modelo de ativação", são todos consistentes com esta "capacidade de processamento limitada" (Malhotra, 1982)

Quando queremos tratar da qualidade da informação (Iselin, 1993), contamos três factores:

1-   Incerteza sentida pelo decisor

2-   Carga de informação sentida pelo decisor (carga de informação)

3-   A quantidade de dados irrelevantes que afectam os decisores (carga de dados)

Estes factores dependem da natureza da decisão (ou seja, qual é o tipo de tarefas de decisão) e, por consequinte, dependem do tipo de informação de que necessitamos para a nossa decisão.

A sobrecarga de informação ocorre quando a quantidade de dados de entrada excede a capacidade de processamento, pelo que é provável que esta situação provoque uma redução da qualidade da decisão. Os estudos mostram que a sobrecarga de informação conduz a uma diminuição da qualidade da decisão e aumenta o tempo necessário para tomar uma decisão, aumentando também a confusão relativamente à decisão. (Speier,

Valacich, & Vessy, 1999); (Jacoby, Speller, & Kohn, 1974)

(Milgram, 1970) explora o efeito da sobrecarga de informação e a forma como as pessoas a enfrentam. No seu estudo, descobriu que existem seis reacções comuns em situações de sobrecarga de informação, que são: 1) atribuir menos tempo a cada entrada, 2) ignorar as entradas de baixa prioridade, 3) redefinir as fronteiras em algumas transacções sociais para transferir o peso da sobrecarga para os outros, 4) reduzir a entrada através de filtragem, 5) recusar a receção da comunicação e, finalmente, 6) recorrer à ajuda de uma instituição especializada.

No domínio do marketing, o efeito da sobrecarga de informação na exatidão das decisões, no tempo de decisão e no desempenho geral é inconsistente, especialmente em termos de metodologia. Mas toda a literatura concorda que uma grande carga de informação pode afetar negativamente o desempenho de um indivíduo (em termos de precisão ou rapidez). O desempenho negativo resulta de dificuldades pessoais em identificar a informação relevante, pelo que se torna altamente seletivo e talvez ignore uma grande quantidade de informação, ou talvez enfrente alguns problemas em identificar a relação entre pormenores, pelo que precisa de mais tempo para tomar uma decisão, ou talvez, por vezes, no final, não chegue a uma decisão com a precisão adequada. (Eppler & Mengis, 2004)

Um comerciante observou que os consumidores estavam a escolher o produto errado quando lhes era pedido que comparassem demasiadas características ou demasiadas alternativas de produtos. O sistema de capacidade de processamento humano, tal como os outros sistemas de processamento de informação, está sujeito a alguns constrangimentos e tem uma capacidade limitada, pelo que apresenta problemas de fiabilidade quando se aproxima a limitação dessa capacidade. (Owen, 1992)

(Owen, 1992) argumenta sobre o que designa por "erros de compra", referindo que o conhecimento da capacidade máxima de processamento dos clientes, por si só, não é útil para os vendedores, porque varia de cliente para cliente e, por isso, não há nada a fazer, mas há outro ponto de vista para ajudar os clientes a escolherem o que precisam e a diminuírem o efeito insatisfatório da sobrecarga de informação, que é aumentar a qualidade de processamento dos clientes.

Defende que o interesse teórico e de gestão não deve centrar-se tanto nas questões de quantidade de informação, mas mais na alteração da qualidade do processamento à medida que a carga de trabalho mental dos consumidores aumenta.

(Owen, 1992) afirma que a linha vermelha para comparar dados é o número mágico que (Miller, 1956) introduz um número mágico sete que é a linha vermelha para o número de itens e o número de atributos para cada item, que ainda pode ser analisado corretamente no que diz respeito à capacidade de processamento dos seres humanos. Mas esta afirmação não pode ser correcta, porque a capacidade muda com a experiência passada dos seres humanos e também com a sua capacidade mental, havendo quem seja mais forte e quem seja mais fraco. Também a natureza dos dados é importante neste caso. Por isso, não há um número exato que possamos introduzir como máximo. Talvez no futuro o investigador possa propor um número ótimo que o comerciante possa utilizar como capacidade média de comparação para os compradores.

A linha vermelha de sobrecarga pode diferir não só entre indivíduos, mas também dentro de cada indivíduo, dependendo do envelhecimento, de factores ambientais como a ingestão de alimentos, o ruído, a temperatura e o vestuário, a linha vermelha de sobrecarga pode mudar. (Owen, 1992)

Outro ponto em que não podemos detetar exatamente a sobrecarga de informação é que a sobrecarga pode ocorrer em diferentes pontos, dependendo das combinações de dados que são utilizadas para a tarefa de decisão.

Owen (1992) propõe duas formas diferentes de processamento da informação, de carácter qualitativo: 1) forma objetiva ou "sistemática" de processamento, 2) modo de processamento baseado na heurística. Acrescenta ainda uma outra forma de processamento denominada "periférica", quando o decisor é confrontado com informação não relevante para a questão. Se partirmos do pressuposto de que cada consumidor tentará fazer uma escolha satisfatória (ver página seguinte), em todas as situações, mesmo quando é confrontado com uma sobrecarga de informação e não tem capacidade de processamento suficiente, então não podemos concluir que faria uma escolha aleatória e incorrecta; neste caso, os consumidores utilizam sobretudo algumas simplificações baseadas na heurística e também utilizam pistas periféricas sobre a qualidade do produto para tomar uma decisão. Este tipo de seleção em tempos de sobrecarga é diferente do tipo de compra, por exemplo, para comprar uma casa ou um carro, na maioria das vezes o comprador pensa nas alternativas durante dias e tenta encontrar a melhor solução.

Owen (1990) introduziu um modelo de processamento de reboque que tenta integrar questões de capacidade, sendo a primeira a memória do consumidor e a segunda a atitude. As teorias baseadas na atitude e na capacidade reconhecem a influência da motivação e da capacidade no processamento da informação humana e a sobrecarga de informação afecta ambos os modelos.

(Hunter, 2004) afirma que a capacidade de processar a informação varia consoante o tipo de informação, por exemplo, no caso dos números de telefone, apesar de terem 9 ou 10 dígitos, os seres humanos conseguem memorizar mais do que um número. Também argumenta que a única fraqueza da investigação sobre a sobrecarga de informação é a incapacidade de identificar os critérios de erro, pelo que considera que a forma eficaz de medir os constructos é através do auto-relato dos indivíduos, pelo que os auto-relatos podem ser desenvolvidos e utilizados para investigar a sobrecarga de informação.

É agora óbvio que, ao fornecermos uma enorme quantidade de informação sobre os produtos, fazemos com que os consumidores se sintam sobrecarregados, mas não podemos reduzir a informação, porque, ao investigarem os comportamentos de compra, os investigadores de marketing concluem que ter mais escolha e mais alternativas na maioria das vezes pode levar à motivação humana para comprar. Embora os consumidores se vejam confrontados com uma sobrecarga de escolha, esta continua a funcionar como um fator de motivação. (Iyenger & Lepper, 2000)

Iyenger & Lepper (2000) também argumentam que o que acontece quando o leque de alternativas se torna maior e as diferenças entre as opções se tornam relativamente pequenas. Verificaram que as pessoas começam a simplificar as suas escolhas e a confiar mais na heurística.

Agora quero explicar o modelo comportamental na escolha racional (lembrete que expliquei acima que assumimos que os compradores tendem a fazer escolhas racionais). A teoria da racionalidade limitada (Simon, 1955) é a teoria mais utilizada, especialmente na análise de marketing.

No passado, antes da teoria da racionalidade limitada de Simon (1955), existiam dois algoritmos matemáticos diferentes para prever o processo de tomada de decisão humana puramente racional ou ótimo, e Simon explicou estas duas teorias da seguinte forma

1-   Homem económico. Este homem pressupõe que tem conhecimentos suficientes sobre o ambiente e também tem a capacidade adequada para analisar esta informação. Presume-se também que tem um sistema de preferências bem organizado e estável e que tem à sua disposição todas as alternativas de ação. Atualmente, este tipo de definição não é adequado para a base da investigação.

2-   Em contrapartida, existe uma outra definição que é um conceito psicológico, que se preocupa com o comportamento racional. Não pode ser útil na análise do comportamento das pessoas, especialmente no marketing.

A teoria racional limitada de Simon (1955) é um modelo aceite para descrever o método de decisão dos seres humanos. Simon rejeita os algoritmos matemáticos para prever uma tomada de decisão puramente racional ou óptima. Afirma que, devido à limitação de tempo e também à limitação cognitiva, os seres humanos não podem considerar todos os resultados da decisão. Assim, definiu a racionalidade dentro de limites específicos que contêm barreiras temporais e cognitivas.

Existe uma grande lacuna entre estes dois aspectos, pelo que Simon propôs um meio-termo entre os dois e chamou-lhe escolha racional. Rejeitou os outros métodos anteriores, chamando-lhes escolha óptima, porque acredita nas limitações humanas e sugeriu a sua teoria com base em duas limitações que o ser humano enfrenta no processo de tomada de decisão, uma é o tempo e a outra é a limitação cognitiva no que diz respeito ao processamento da informação. Refere que, devido a estas limitações, as pessoas tendem a simplificar as suas escolhas e a escolher apenas os resultados que se adequam às suas necessidades. Utilizou a palavra "satisficing", de origem escocesa, que é uma combinação de sufficing (suficiente) e satisfying (satisfatório).

Na teoria racional clássica, os investigadores partem do princípio de que os seres humanos em posição de decisão têm a capacidade de efetuar operações matemáticas para identificar o leque provável de ofertas e podem encontrar a melhor oferta de entre elas com um valor mais elevado. Este tipo de suposição é muito otimista porque a grande percentagem de compradores ou decisores não tem esta capacidade computacional. É por isso que Simon prevê uma certa simplificação do processo de tomada de decisão por parte do decisor. Esta simplificação, na opinião de Simon, vai até ao ponto de satisfação e é nesse ponto que o resultado é suficientemente bom para satisfazer os decisores, mas não necessariamente a melhor decisão. A satisfação actua como uma regra de paragem que, uma vez encontrada uma alternativa aceitável, o decisor conclui o processo de decisão. Simon também defendeu que o satisficing conduz geralmente a escolhas aproximadamente iguais em termos de qualidade às escolhas previstas pelos algoritmos de otimização.

No caso da utilização da Internet, que nos ajuda a encontrar pelo menos alguma informação relevante com um investimento mínimo de tempo e esforço, isso pode ser uma espécie de satisfação. Por outras palavras, continuamos a nossa pesquisa até que, devido à limitação de tempo ou à sobrecarga de informação, paramos de pesquisar, embora ainda não estejamos completamente satisfeitos.

(agosto, 2002) testou as teorias comportamentais de Simons sobre a racionalidade limitada e o satisficing nas decisões dos jovens baseadas na Web, não só em termos de compra, mas também de seleção entre sítios Web. A sua investigação baseia-se numa metodologia de investigação qualitativaq No passado, os investigadores testaram a teoria de Simons no mercado tradicional. Mas ainda não existe nenhum estudo sobre o modo como esta teoria afecta as compras no mercado. É isso que quero testar. Na secção seguinte, vou explicar o conceito de memória de trabalho. Parece que o termo "memória de trabalho" que os neurologistas estão a utilizar é o local onde ocorre a sobrecarga de informação. Assim, para medir a carga de informação, tenho de medir a memória de trabalho. Na secção seguinte, explico por que razão devo medir a memória de trabalho para determinar a carga de informação.

MEMÓRIA DE TRABALHO:

A memória de trabalho é um processo que permite armazenar informações na nossa memória de curto prazo e juntar essas informações com as informações recuperadas da memória de longo prazo e, em seguida, analisar estes dois tipos de informações para realizar uma tarefa cognitiva.

O processo cognitivo ou os processos de memória utilizam os sistemas de memória de trabalho e também o sistema de memória de longo prazo para realizar as tarefas. Por exemplo, a tarefa de reconhecimento de um amigo. Em primeiro lugar, os nossos sensores recebem a informação e, em seguida, utilizando a memória de longo prazo, só podemos identificar o nosso amigo quando os códigos da nossa memória de longo prazo corresponderem ao que recebemos. Estes processos necessitam de um local para serem efectuados e esse local é a memória de curto prazo ou memória de trabalho (Klimesch, Russegger, Doppelmayr, & Pachinger, 1998)

Um dos pioneiros neste domínio é Baddeley, professor na Universidade de York. <u>Alan Baddeley</u> e <u>Graham Hitch </u>(Baddeley & Hitch, 1974) propuseram um modelo de memória de trabalho em 1974, numa tentativa de descrever um modelo mais preciso da <u>memória de curto prazo</u>. (Baddeley A, 1986) define o conceito de memória de trabalho como um "sistema de capacidade limitada", para manter e guardar informações a curto prazo, e este sistema apoia as decisões humanas e o processo de pensamento, estabelecendo uma relação entre a memória a curto e a longo prazo.

(DeJang & Das-Smaal, 1995) referem que a memória de trabalho é fundamental para diferentes tarefas cognitivas, tais como o raciocínio, e (Kyllon & Christal, 1990) verificam a relação entre a memória de trabalho e as tarefas de resolução de problemas.

O termo memória de trabalho é mais utilizado quando falamos de tarefas cognitivas. Está relacionado com a parte da memória que está ativa durante um curto período de tempo, cerca de segundos.

Devemos notar que o conceito de memória de trabalho tem menos relação com o processo de armazenamento e recuperação, mas mais relação com o processo mental em linha. representação da informação e a capacidade de alterar e manipular essa informação para chegar a uma ação. (Welsh, 1988)

(Jensen, Gelfand, Kounios, & Lisman, 2002) consideram que "a memória de trabalho é o processo através do qual o cérebro mantém a atividade das células cujo disparo representa informação derivada de uma breve entrada sensorial ou de uma leitura da memória de longo prazo".

Os estudos mostram que o processo de memória de trabalho é maioritariamente gerado pelo córtex pré-frontal. (Cohen, et al., 1997) mostra que o córtex pré-frontal tem um papel fundamental na manutenção da informação.

O córtex pré-frontal (CPF) está envolvido na memória de trabalho e no processo inibitório. Com este ponto de vista, podemos dizer que a memória de trabalho é importante para manter a informação relevante para o objetivo e a inibição comportamental baseia-se na ignorância de informação irrelevante ou de respostas inadequadas. (Bunge, Ochsner, Desmond, Gloverm, & Gabrieli, 2001) e (Klimesch, 1996)

(Bunge, Ochsner, Desmond, Gloverm, & Gabrieli, 2001) utilizam a fMRI (ressonância magnética funcional) para testar a relação entre a memória de trabalho e a inibição comportamental, enquanto utilizam o teste de Sternberg.

DISPOSITIVO E SINAIS DE EEG (ELECTROENCEFALOGRAFIA)

O EEG, ou eletroencefalograma, é um instrumento de imagiologia das actividades cerebrais durante o seu desempenho. Podemos detetar a localização e a magnitude da atividade cerebral envolvida nos vários tipos de funções cognitivas que estudamos. O EEG permite-nos ver e registar as alterações da atividade cerebral durante a execução da tarefa. Utilizando 3 eléctrodos (2 colocados nos ouvidos e um fixado na cabeça), podemos monitorizar a quantidade de actividades eléctricas relacionadas com diferentes tarefas cognitivas.

O EEG fornece um método eletrofisiológico de investigação dos processos cognitivos. (Elul, 1972) explica a base fisiológica do EEG, que são as "unidades funcionais sinápticas", compostas por milhares de sinapses. Dentro de cada unidade funcional, as sinapses partilham a mesma entrada pré-sináptica, resultando na despolarização ou hiperpolarização de um número imenso de neurónios como uma unidade. É a atividade dentro destas unidades funcionais que é registada pelos eléctrodos de superfície.

(Klimesch, 1996) acredita que a inteligência tem uma correlação positiva com o volume e a espessura corticais e, por isso, concluiu que a potência do EEG está, de alguma forma, relacionada com as camadas corticais. Esta hipótese tem um resultado: o registo do sinal do EEG pode refletir a capacidade e o desempenho do processamento da informação cortical. No entanto, esta conclusão não é linear porque a medição depende da espessura do crânio e do volume do líquido cefalorraquidiano, bem como de alguns factores como a idade e a tarefa cognitiva a realizar.

Carlo Matteucci (1811-1868) e Emil Du Bois-Reymond (1818-1896) foram os primeiros investigadores a registar os sinais eléctricos emitidos pelos nervos cerebrais. Depois deles, Richrd Caton (1842-1926) utilizou eléctrodos no couro cabeludo de indivíduos humanos para registar a atividade cerebral e só depois do seu trabalho é que o termo EEG foi utilizado. O descobridor da existência de sinais EEG humanos foi Hans Berger (1873-1941), que iniciou o seu estudo dos EEGs humanos em 1920 (Sanei & Chambers, 2007)

Sanei e Chambers, no seu livro "EEG signal processing", explicam o que é o sistema nervoso central (SNC) e como as actividades do SNC criam sinais. Mencionam que as actividades no SNC estão relacionadas com as correntes sinápticas transferidas entre as junções de axónios e dendritos. Esta atividade produz um potencial de 60-70 µV com polaridade negativa.

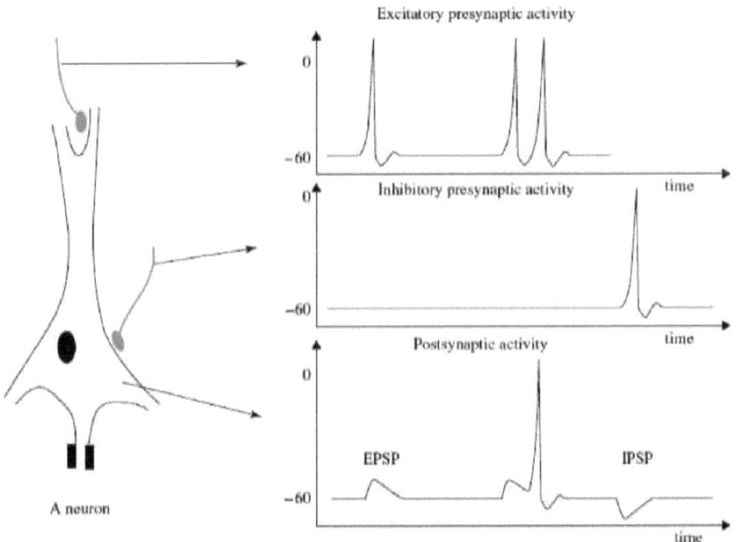

Figura 4- Os neurónios produzem sinais EEG

Depois de ter explicado como o cérebro humano pode produzir sinais eléctricos, vou agora explicar os ritmos ou sinais cerebrais: (Shaw, 1984) refere que o sinal EEG pode ser considerado como "a soma de *muitos* componentes de diferentes frequências que se combinam para produzir o padrão complexo de flutuação resultante". As frequências do EEG estão subdivididas em 5 bandas de frequência principais. Estas bandas de frequência, de baixas a altas frequências, incluem as ondas delta *(0,5 a 4* Hz), teta *(4 a 8* Hz), alfa (8 a 13 Hz), beta (13 a *30* Hz) e gama (acima de 30 Hz). As ondas alfa e beta foram introduzidas por Berger em 1929. A onda alfa é o ritmo mais proeminente das actividades cerebrais. A onda beta é o ritmo habitual de vigília do cérebro associado ao pensamento ativo, à atenção ativa, à concentração no mundo exterior ou à resolução de problemas concretos. Gama é o termo que Jesper e Andrews (1938) utilizaram para as ondas superiores a 30 Hz. A primeira pessoa que introduziu o termo delta foi Watler em 1936, que o utilizou para distinguir o ritmo abaixo da frequência alfa. Estas ondas estão associadas ao sono profundo e ao estado de vigília. Finalmente, o conceito de teta foi introduzido por Wolter e Dovey em 1944. As ondas teta estão associadas a deslizamentos de consciência em direção à sonolência, estando também associadas ao acesso a material inconsciente, à inspiração criativa e à meditação profunda. (Sanei & Chambers, 2007)

(Klimesch, Schimke, & Schwaiger, 1994) e Klimesch, (1996) acreditam que frequências diferentes devem ser o resultado de processos ou estados mentais diferentes. A figura 5 mostra um sinal cerebral com a sua subdivisão. A figura 6 mostra cada um destes sub-sinais separadamente.

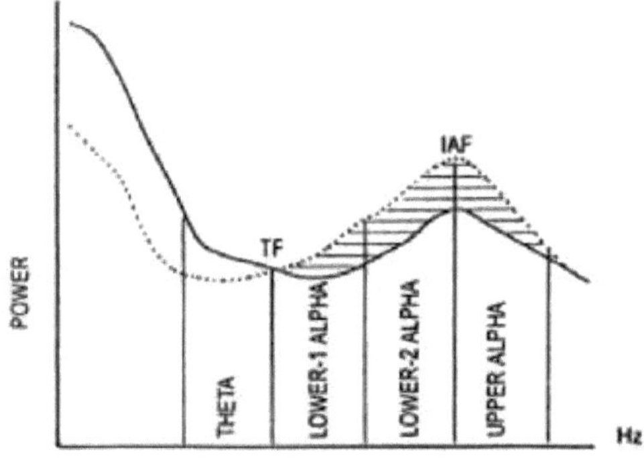

Figure 4-   Um único sinal cerebral inclui diferentes frequências

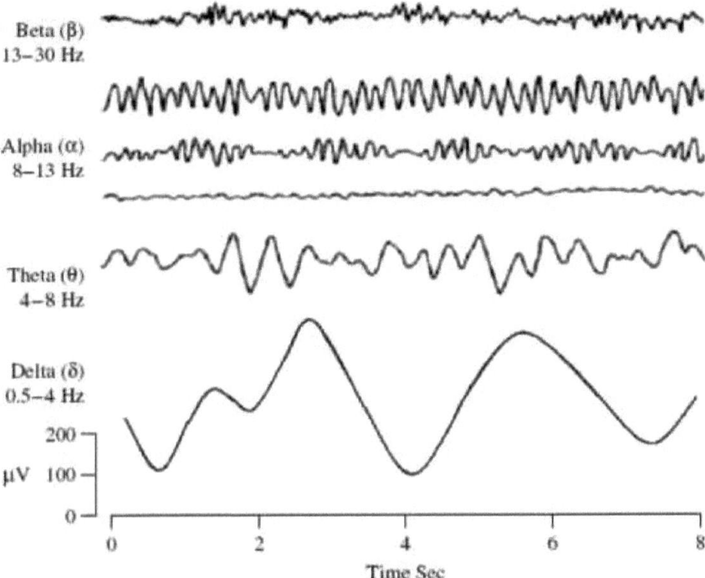

Figura 6-- Quatro ritmos normais dominantes típicos do cérebro, das frequências altas às baixas.

As relações entre a função cerebral e as medidas de EEG têm sido normalmente investigadas através da comparação de *alterações* regionais na quantidade de atividade EEG dentro destas bandas de frequência específicas e em regiões específicas do couro cabeludo (Ray, 1990)

SINAIS CEREBRAIS E MEMÓRIA DE TRABALHO

(Jensen, Gelfand, Kounios, & Lisman, 2002) discutem o papel das oscilações cerebrais na memória de trabalho. Para o efeito, registaram o eletroencefalograma (EEG) do couro cabeludo durante o intervalo de retenção de uma tarefa de Sternberg modificada. Testam particularmente as bandas de frequência teta e alfa. Utilizam o tempo de reação médio em função da carga de memória. Verificaram que o tempo de reação aumentava sistematicamente em função da carga. Verificaram que a atividade na zona 9-12Hz, denominada banda alfa, reflecte o estado da memória de trabalho e que a potência da banda depende do número de itens armazenados. Não detectaram um pico na banda teta, exceto num sujeito. Verificaram que as actividades teta são mais fortes na área frontal, mas a banda alfa mostra um efeito mais forte na área posterior da mente.

Para testar a oscilação cerebral, existem duas tarefas comuns: a tarefa de Sternberg, utilizada por Jensen, e a tarefa n-back, utilizada por Gevins e colegas. Ao utilizar o teste n-back, os sujeitos são confrontados com um fluxo contínuo de itens e têm de indicar se o item apresentado corresponde ao que foi apresentado n posições atrás. Mas ao utilizar o teste de Sternberg, os itens são apresentados simultaneamente no centro de um monitor de computador e os sujeitos devem premir um botão do rato para indicar qual o item apresentado anteriormente, devendo também definir onde se encontrava o item na primeira imagem apresentada.

Uma das amostras do teste n-back é uma investigação efectuada por (Krause, et al., 2000). Testaram o efeito da carga de memória nos sinais e bandas EEG através de EDR (dessincronização relacionada com eventos) e ERS (sincronização relacionada com eventos). Tal como Klimesch *et al.* (1997, 1999), verificaram que, com o aumento da carga de memória, a potência teta do EEG aumentava e, ao mesmo tempo, a potência alfa do EEG diminuía. Na faixa de 6-8Hz (inclui a banda teta e alfa baixa) observaram a maior SRE causada pela carga de memória elevada, 2-back.

(Kahana, Seeling, & R, 2001) fizeram um resumo da literatura revista e das investigações sobre o papel dos teta na memória e nas tarefas cognitivas. Referem que os estudos realizados com eléctrodos de superfície corticais em seres humanos mostraram que a oscilação teta aumenta durante as tarefas de memória verbal e espacial.

A partir do estudo do papel dos theta nas funções cognitivas e em diferentes tipos de processamento de informação, concluem que o papel dos theta pode ser visto como uma função da exigência da tarefa.

A quantidade de potência EEG dos sinais teta e alfa reflecte-se, de facto, no desempenho da tarefa cognitiva e da memória, mas de uma forma não linear. Uma pequena potência de teta e uma grande potência de alfa revelam um bom desempenho na tarefa. Da mesma forma, o aumento de teta e a diminuição de alfa é um indicador do desempenho cognitivo e da memória. Isto significa que existe uma correlação positiva entre a frequência alfa e o desempenho cognitivo e também uma correlação negativa entre a frequência teta e o desempenho da tarefa cognitiva e da memória (Klimesch W. 1998).

Um estudo MEG recente refere um aumento sistemático da atividade teta frontal com a carga de memória (Jensen e Tesche, 2002).

No entanto, serão necessários mais estudos para se poderem tirar conclusões gerais sobre o papel desta banda de frequência no processamento da informação humana.

METODOLOGIA DE INVESTIGAÇÃO
HIPÓTESE

Há muitos artigos que apoiam esta ideia, segundo a qual a sobrecarga de informação afecta a tomada de decisões dos seres humanos (por exemplo: Ackoff, 1967; Iselin, 1993; swain, 2000; Jacoby, 1974; owen, 1992). Com o aumento das compras na Web, os fornecedores começam a aumentar a quantidade de informações sobre os produtos e as informações conexas como forma de competir entre si, o que conduz a uma sobrecarga de informação. Devido à limitação humana no processamento dos dados, os consumidores têm de começar a filtrar a informação, o que provoca custos adicionais. Reduz-se um tipo de custo e incorre-se noutro tipo. Como resultado deste novo custo, os clientes refletir-se-ão de diferentes formas, tais como

1-   Adiar as compras

2-   Deixar a Internet e procurar no mercado tradicional a sua necessidade

Assim, um dos critérios para melhorar a eficiência de um sítio Web de comércio eletrónico pode ser a carga de informação que esse sítio Web impõe à mente do potencial cliente. Mas o principal problema que as empresas enfrentam é como medir essa carga de informação. É impossível para os criadores de sítios Web fazerem uma investigação completa quando pretendem desenvolver um sítio Web, pois é dispendioso e também não existe uma quantidade exacta na literatura que possa dizer qual é o número ideal de informações. A carga de informação depende do tipo de produto, da idade, do género, da capacidade de processamento do cérebro (capacidade das pessoas) e também da forma de apresentação da informação. Por isso, esta área é ainda muito recente e precisa de muito trabalho para encontrar o número ótimo. Recordo da literatura que o número mágico 7 ± 2 é apresentado como o máximo de informação que uma pessoa consegue manter na sua mente em simultâneo. É óbvio que se uma loja ou um sítio Web oferecer apenas 9 ou 10 modelos de sapatos ou qualquer outro tipo de produto, as pessoas não ficarão confusas ou sobrecarregadas.

Encontrei uma solução: utilizar um aparelho de EEG para medir a carga de informação. Com base na literatura, os sinais EEG podem refletir a carga da memória de trabalho (teta e alfa).

Relativamente à revisão da literatura, e devido à relação entre a memória de trabalho e as ondas teta e alfa, pretendo testar se a oscilação destas ondas pode refletir a carga de informação e se este dispositivo ajudará os web designers a melhorar a rentabilidade dos seus sítios Web.

Uma boa decisão depende do facto de se manter a informação relevante na mente (memória de trabalho) e a informação irrelevante fora da mente. Assim, a memória de trabalho pode estar relacionada com a nossa eficiência na tomada de decisões.

A questão de investigação é a seguinte: se a apresentação de mais informação, que conduz à sobrecarga de informação, tem alguma relação com os sinais cerebrais e se a carga de informação é mensurável com um dispositivo EEG?

Os estudos anteriores referem-se sobretudo ao efeito da sobrecarga de informação no comportamento de compra tradicional. Apenas agosto.D. E (2002) testou a teoria de Simon na preferência dos jovens pela Web. Não teve em conta o comportamento de compra. E também Chan & Shang & Kao (2007) fizeram uma investigação experimental para testar o efeito de três factores no comportamento de compra em linha. No domínio da psicologia, os investigadores não exploraram a relação entre os sinais cerebrais (EEG) e a carga de informação. Esta área é bastante recente e há muito trabalho a fazer, mas, na primeira etapa, temos de encontrar uma ferramenta sólida para medir a carga de informação. A utilização de um simples questionário não é adequada, porque as pessoas têm critérios diferentes e não é fácil perguntar-lhes se ficarão ou não sobrecarregadas durante as compras. O único questionário existente pertence a Jacoby e à sua equipa, que o utilizam durante a conceção da experiência. A única investigação com um quadro concetual é a de

Owen (1992). Todos os outros investigadores realizaram experiências. A utilização da experiência conduz a uma incontinência nos resultados, porque tudo depende da disposição da loja, do tipo de produto, das pessoas que participam na experiência, da forma de oferecer informação, etc. É por isso que, passados mais de 30 anos desde a primeira investigação, ainda não podemos ter a certeza de qual é o melhor número para oferecer um produto. Eu também utilizei a experiência. Mas como eu meço os sinais cerebrais, todos os web designers podem utilizar este dispositivo para tornar o seu sítio web eficiente.

Com base nas razões acima expostas, parto da hipótese de que:

Hipótese 1: Existe uma relação positiva entre a potência teta e a carga de informação obtida na loja em linha.

Hipótese 2: Existe uma correlação negativa entre o poder alfa e a carga de informação obtida na loja em linha.

Com base no que mencionei na parte da literatura e no que diz respeito à relação entre os sinais EEG e a memória de trabalho, quero verificar se podemos utilizar este dispositivo para medir a sobrecarga de informação durante as compras em linha.

Para o efeito, escolhi 6 sítios Web diferentes com diferentes cargas de informação e testei-os em termos da quantidade de carga de informação.

METODOLOGIA

Como o meu objetivo de investigação é descobrir a relação entre a carga de informação que os clientes recebem da loja em linha e a potência teta e alfa, escolhi 6 lojas em linha diferentes para registar os sinais EEG durante as compras. Para escolher os sítios Web e pontuá-los, utilizei o seguinte procedimento.

SELECÇÃO DE SÍTIOS WEB

Para encontrar sítios Web para testar os sinais EEG, tive de encontrar sítios Web sobrecarregados e subcarregados. Devido ao efeito do tipo de produto na sobrecarga de informação, com base no que Lee (2004) referiu, o problema da sobrecarga de informação é diferente no que respeita ao conhecimento do produto por cada cliente. O autor refere ainda que a sobrecarga de informação ocorre sobretudo nos produtos que não são comprados com frequência. Por isso, decidi escolher 3 categorias diferentes que não fazem parte do cesto de compras quotidiano. Pedi a um aluno do 10º ano do curso de informática (mestrado) que fosse a esses sítios Web e comprasse neles, respondendo depois a algumas perguntas. Pedi aos sujeitos que mantivessem o seu tempo e descobrissem quanto tempo demoram a fazer as compras. Também perguntei se se sentiam confusos devido às informações fornecidas nos sítios Web. A pergunta é: *Até que ponto se sentiu confuso devido à informação fornecida pelo sítio Web (1 = nada confuso; 3= um pouco confuso; 5= moderado; 7 = confuso; 9= muito confuso)?* Com base nas suas respostas e calculando as médias das suas pontuações, categorizei estes sítios Web em 3 categorias diferentes: sobrecarga, subcarga e moderada.

Sternberg (1966), durante a sua experiência, verificou que o tempo de reação aumentava sistematicamente em função da carga (na sua descoberta, com uma inclinação de 64 ms/item). Por isso, pedi aos sujeitos que também registassem o tempo. Assim, posso fazer uma comparação entre o tempo que os sujeitos mencionam durante o seu nível de teste e o tempo que os sujeitos gastam durante a experiência. Poderei encontrar alguma relação.

As breves explicações sobre a escolha do sítio Web são as seguintes:

1.   *No sector dos serviços, escolhi* um pacote turístico de férias, escolhi um sítio Web que oferece uma grande quantidade de pacotes turísticos de férias e, por coerência, seleccionei um pacote de férias na Europa. Pedi aos participantes que partissem do princípio de que lhes era dada a oportunidade de selecionar um pacote para viajar para a Europa, que dispunham de 5000$ e de 14 dias de férias, mas que tinham um horário flexível para escolher a data. O tempo médio que os participantes precisaram para selecionar o seu pacote foi de 18,3 minutos e o nível de confusão foi de 6. O nível de confusão mostra que podemos considerar este sítio Web como um sítio Web sobrecarregado. (Endereço do sítio Web: http://www.globusjourneys.com). Atribuí uma pontuação de 6 a este sítio Web

como número de carga de informação.

2.	Para o sítio Web "under load", pedi aos participantes que seleccionassem um pacote turístico de um sítio Web que oferecesse diferentes pacotes turísticos no Egipto. Não têm assim tantas opções. Pedi aos participantes que partissem do princípio de que lhes era dada a oportunidade de selecionar um pacote turístico para viajar para o Egipto, que dispunham de 1500 dólares e de 14 dias de férias, mas que tinham um horário flexível para escolher a data. O tempo médio que os participantes precisaram para selecionar o seu pacote foi de 10,5 minutos e o nível de confusão foi de 2,2. Com base na resposta do inquirido, considero este sítio Web como um sítio Web com pouca carga. (Endereço do sítio Web: http://www.safariegypt.com). Atribuí a pontuação 2 a este sítio Web como número de carga de informação.

3.	*No sector dos dispositivos electrónicos, escolhi o monitor LCD e a memória flash.*

4.	Para comprar um monitor LCD, os utilizadores têm muitas opções e, para além disso, existem 9 atributos principais que permitem comparar monitores entre si e filtrar esses atributos. A figura 1 mostra uma comparação entre 6 modelos diferentes como exemplo. Este sítio Web está completamente sobrecarregado para todos os participantes. Os utilizadores gastam pelo menos 14,7 minutos a fazer compras e todos eles sentem algum grau de confusão devido à quantidade de informação que receberam. O nível de confusão é de 5,2. Com base nas respostas, considero este sítio Web altamente sobrecarregado. O nível de confusão é inferior ao do pacote turístico da Europa, mas como todos os inquiridos são estudantes de informática e têm conhecimentos sobre monitores, continuo a considerar este sítio Web como um sítio Web sobrecarregado. (Endereço do sítio Web: http://www.pcworld.com/). Atribuí uma pontuação de 5 a este sítio Web como número de carga de informação.

5.	Na categoria dos dispositivos electrónicos, foi muito difícil encontrar um produto de baixo custo, porque há muitas marcas para cada tipo de produto e também há muitos atributos que os clientes têm de considerar. Seleccionei a memória flash porque os únicos atributos importantes são a capacidade e o design, pelo que a escolha deve ser fácil. Os inquiridos gastaram 8,5 minutos nas compras e o nível de confusão é de 3,2. A maioria dos inquiridos disse que precisava de mais informações para decidir, como a velocidade da memória flash. Com base nas respostas e comparando com outros sítios Web, considero que este sítio Web tem um carregamento moderado. (Endereço do sítio Web: http://www.pcworld.com/). Atribuí uma pontuação de 3 a este sítio Web como número de carga de informação.

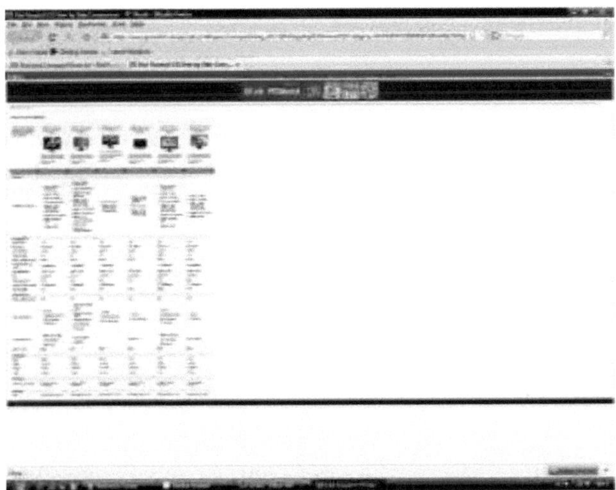

Figura 7 - Seleção do LCD em www.pcword.com

6.   *No sector da moda, escolho o calçado.*

Para o sítio Web de sobrecarga, pedi aos sujeitos que comprassem um par de sapatos de desporto em http://www.shoebuy.com/. Este sítio Web oferece mais de 850 marcas de sapatos e é capaz de filtrar os sapatos em termos de categoria, tamanho, cor, material e marca. Embora o sítio Web ofereça tantos modelos, os sujeitos sentem menos sobrecarga em comparação com a compra de LCD ou a escolha de um pacote turístico europeu. Tal pode dever-se à preferência ou ao efeito da marca. Os indivíduos gastam cerca de 24,8 minutos neste sítio Web, o que é o valor mais elevado de todos os 6 sítios Web, mas sentem-se menos confusos. Pode ser o resultado do tipo de tarefa ou do tipo de produto.

A carga média deste sítio é de 4,6, o que o considera um sítio com uma carga de informação moderada. Atribuí uma pontuação de 4 a este sítio Web como número de carga de informação.

Nesta categoria, para encontrar um sítio Web subcarregado, pedi aos sujeitos que pensassem que tinham um vale para comprar um par de sapatos Clark na loja online da Clark. A Clark não oferece muitos modelos, pelo que os participantes não sentem qualquer confusão. Os participantes gastaram 5,7 minutos (o tempo mais baixo) e a pontuação média para a confusão é de 1,8, que é também a pontuação mais baixa. Atribuí a pontuação 1 a este sítio Web como número de carga de informação.

Depois de escolher o sítio Web e de os classificar, tive de registar os sinais EEG da seguinte forma:

MEDIÇÃO DE SINAIS EEG (CONCEPÇÃO DA EXPERIÊNCIA)

- Temas

10 estudantes de mestrado da Faculdade de Gestão e da Faculdade de Informática da Universidade da Malásia ofereceram-se como voluntários para participar na experiência. Metade dos participantes eram do sexo masculino e a outra metade do sexo feminino, com idades compreendidas entre os 25 e os 35 anos.

Tarefa

Os sujeitos pediram para fazer compras em sítios Web previamente especificados, depois de eu lhes ter fixado a época na cabeça e nas orelhas. Cada sujeito tinha de fazer compras em 6 sítios Web diferentes. 2 sítios da categoria de sobrecarga, 2 da categoria de subcarga e 2 sítios com carga de informação moderada. Mantenho a duração das suas compras e também meço a potência de oscilação teta e alfa.

- Posicionamento dos eléctrodos

Com base na literatura, a melhor parte para medir theta e alfa é a linha média frontal (theta e alfa reflectem o processo da memória de trabalho). Para registar os sinais desta secção, e de acordo com o manual do aparelho, tenho de instalar uma época na posição de F4. O método para encontrar a posição de F4 é o seguinte

i.   Medir o comprimento e a largura da cabeça do sujeito, para encontrar C_z (se o meio da largura e o meio do comprimento não coincidirem, significa que a cabeça do sujeito não é completamente esférica. Por isso, com base no manual do aparelho, temos de considerar o meio da largura como C_z).

ii.   Para encontrar F4, primeiro devo encontrar C4 e F_z. C4 é 20% da largura de C_z até à orelha direita e F_z é 20% da largura de C_z até ao Nasion ou frente da cabeça.

iii.   O próximo passo é traçar uma linha entre F_z e C4 e encontrar o meio desta linha. O meio da linha C4-Fz é F4. E tenho de colocar a época neste sítio.

As figuras 2 e 3 mostram onde se encontra F4 e como o podemos encontrar.

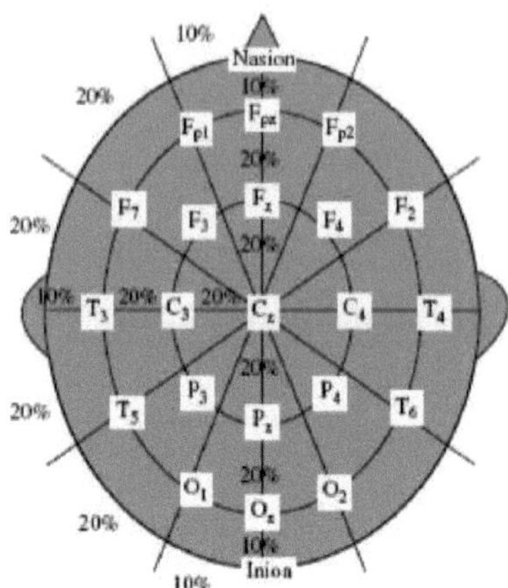
Figura 8- divisões do cérebro

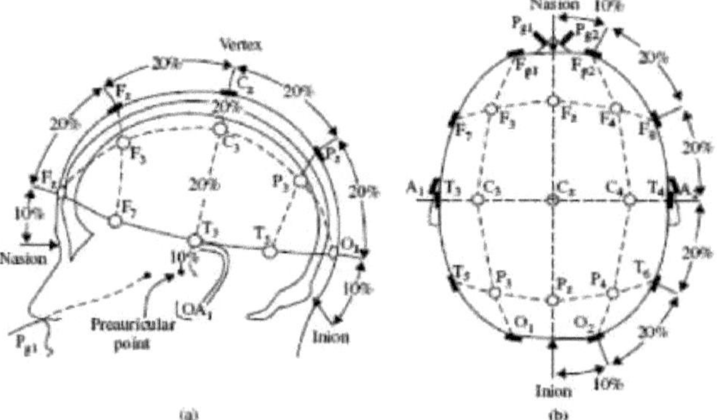
Figura 9- Localização da posição dos eléctrodos EEG

PROCESSAMENTO DE DADOS

Uma vez que o meu objetivo de investigação é encontrar a relação entre a carga de memória e a potência teta e alfa, e que vou encontrar a alteração da potência alfa e teta com a carga de memória, os espectros de potência para cada carga do sítio Web (6, 5, 4, 3, 2, 1) foram normalizados pela potência integrada de 5 a 20 Hz para Carga=1 para cada sujeito. Isto permitiu uma comparação e uma média entre os sujeitos.

Utilizei um estudo fatorial 2*2 e também um teste t para descobrir se o aumento da potência de theta e a diminuição da potência de alfa com o aumento da carga de informação são estatisticamente significativos ou não.

A equação da potência crescente de alfa e teta em relação à carga é

$$P(\alpha) = bL + a$$

$$P(\theta) = cL + d$$

RESULTADOS DA INVESTIGAÇÃO

A tabela 1 mostra os resultados obtidos com o dispositivo EEG. Dos 10 voluntários, o resultado de um deles é inútil porque tinha um problema de ouvido, pelo que tive de retirar os dados relativos a ele. Cada um dos 9 voluntários restantes efectuou duas tarefas, o que significa que cada um dos voluntários fez compras em 2 sítios Web diferentes, 3 em sítios de carga excessiva, 3 em sítios de carga moderada e 3 em sítios de carga insuficiente. Medi a média teta e também a média alfa. Estes dados são apresentados no quadro 1. Os dados provenientes do sujeito 3 não são utilizáveis.

Quadro 1- Médias Theta e Médias Alpha durante as compras em linha

	média teta	média alfa	média teta	média alfa	média teta	média alfa	média teta	média alfa	média teta	média alfa	média teta	média alfa
	sobrecarga 1		sobrecarga 2		moderado 1		moderado 2		Sob carga 1		Sob carga 2	
Objeto 1	16.56	13.83	12.27	7.21								
tema 2	13.24	10.17	9.8	8.74								
Assunto 3	7.54	6.93	7.43	5.89								
Assunto 4	9.89	6.64	11.28	7.32								
Assunto 5					10.87	6.61	14.28	8.27				
Assunto 6					12.64	8.45	11.63	11.01				
Assunto 7					12.8	7.32	12.54	13.79				
Assunto 8									16.66	13.98	16.87	14.07
Assunto 9									8.9	7.71	8.57	9
Assunto 10									11.28	6.7	11.55	14.12

47

As figuras 10 e 11 mostram as ondas EEG do sujeito 4 durante as compras num sítio Web de sobrecarga e comparam-nas com as figuras 12 e 13, que são as ondas do sujeito 6 durante as compras num sítio Web de carga moderada, e com as figuras 14 e 15, que pertencem ao sujeito 9 durante as compras em linha num sítio Web de carga insuficiente. Se observarmos a média teta em cada um dos sítios Web, verificamos que a média teta no sítio Web de sobrecarga é de 13,25, enquanto a média alfa é igual a 11,23; no sítio Web de carga moderada, a média teta é igual a 11,63, enquanto a média alfa é de 11,01; e no sítio Web de carga insuficiente, a média teta é de 8,09 e a média alfa é de 7,71. A tendência decrescente da média teta é óbvia, mas para alfa a tendência não é óbvia para a comparação de uma amostra, mas quando utilizo a comparação da média total, a tendência aparece, como se pode ver na tabela 2 e no gráfico 1, este resultado apoia ambas as hipóteses. O que significa que a potência teta aumentará com a acumulação de dados e a potência alfa diminuirá com a acumulação de dados nos sítios Web.

Quadro 2 - Média das médias theta e alfa

Tabela de resultados

	média teta	média alfa
Sobrecarga de sítios Web	12.76	8.88
Sítios Web de carga moderada	12.53	9.26
Sítios Web com carga insuficiente	12.29	10.93

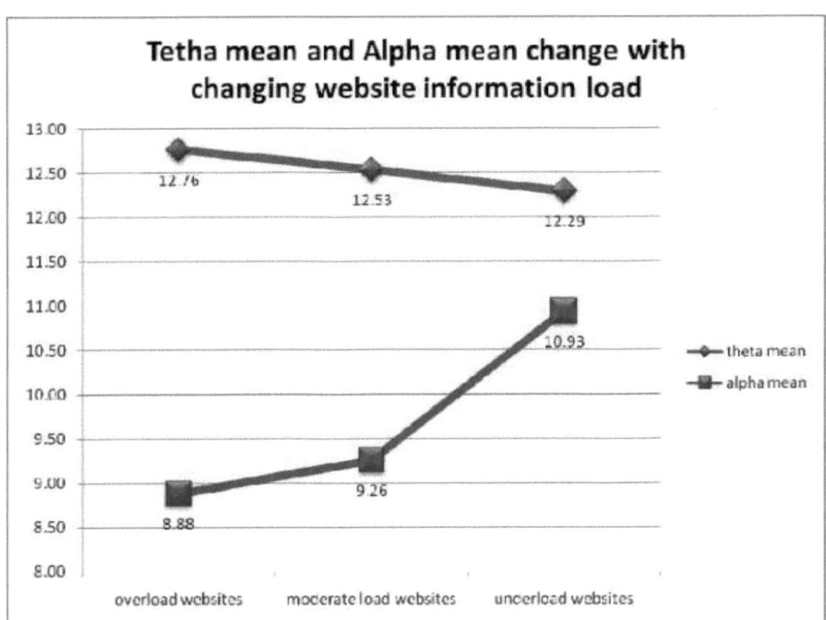

Gráfico 1- Variação de Theta e Alpha com a carga de informação

A tabela acima mostra a tendência da média teta e alfa com o aumento da carga de informação nos sítios Web. Podemos ver uma tendência descendente na potência média teta e uma tendência ascendente na tendência média alfa.

A inclinação da tendência teta é inferior à da tendência alfa e isso deve-se ao facto de a potência da onda teta ser inferior à da onda alfa. De facto, a onda alfa é mais forte do que a teta. Ilustro esta questão nas figuras 10, 12 e 14.

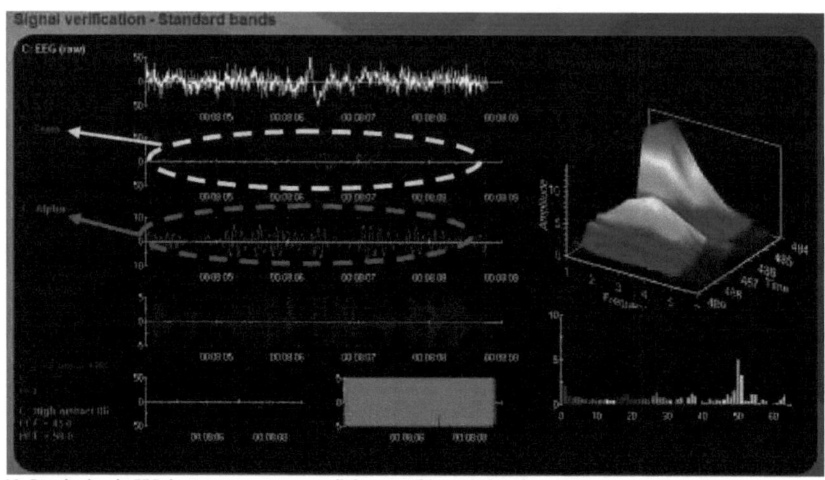

Figura 10- Resultados do EEG durante as compras em linha num sítio Web de sobrecarga

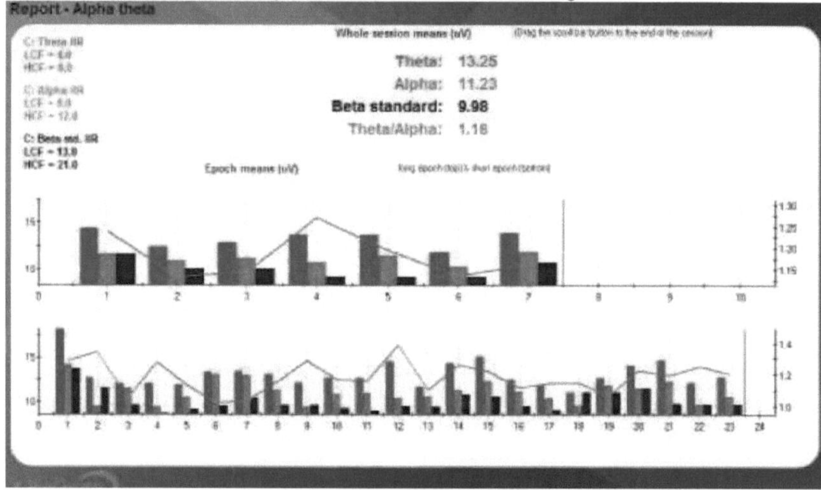

Figura 11- Teta e Alfa durante uma compra em linha num sítio Web de sobrecarga

Estas duas imagens são amostras de uma das pessoas enquanto ela tenta encontrar um Pacote de viagem para a Europa. A duração das compras é de 8 minutos. Mudar de roupa theta e alfa é afogado pelo software e também a média de todo o 50 sessão para theta e alfa e beta e também theta/alfa, mas as duas últimas não estão

relacionadas com a minha investigação.

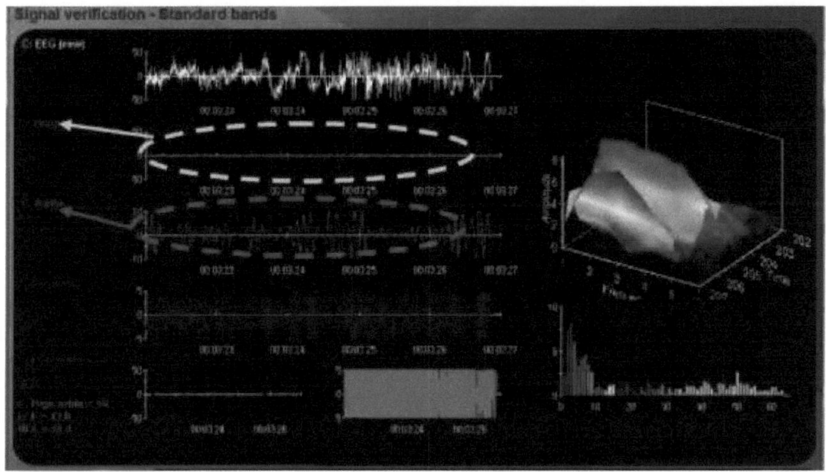

Figura 12- Resultados do EEG durante as compras em linha num sítio Web de carga moderada

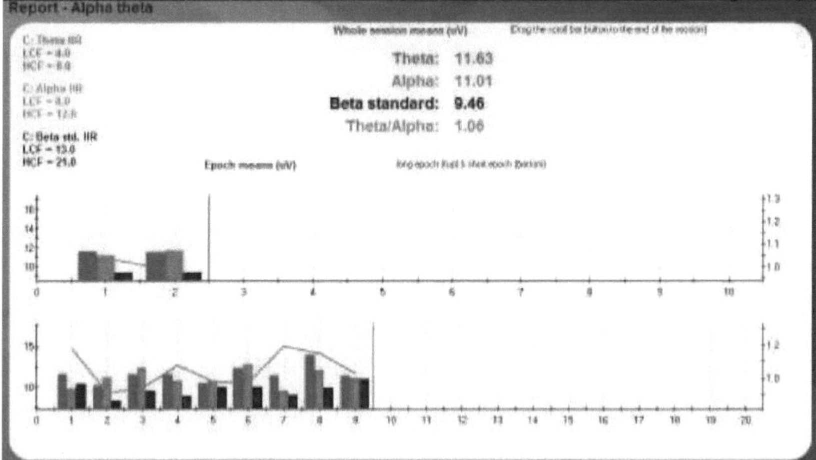

Figura 13- Theta e Alpha durante uma compra em linha num sítio Web de carga moderada

Estas duas imagens são amostras de um dos sujeitos enquanto tenta comprar um

espetáculo de desporto. A duração da compra é de 3 minutos e 27 segundos.

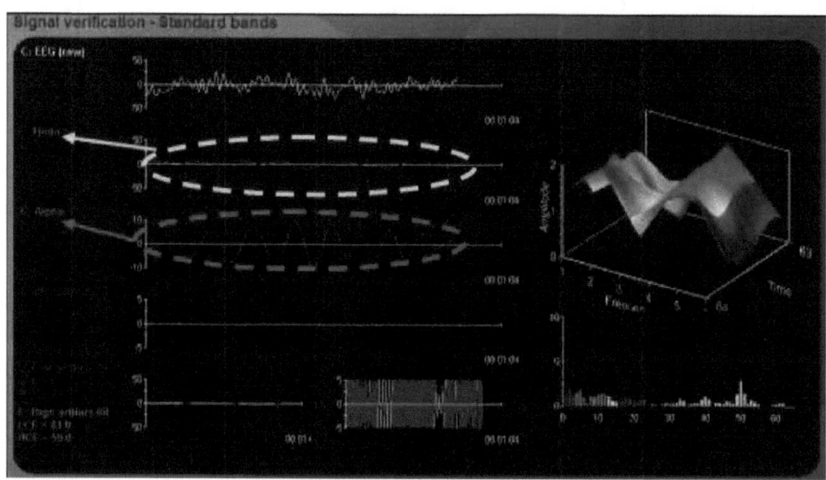

Figura 14- Resultados durante as compras em linha num sítio Web com carga insuficiente

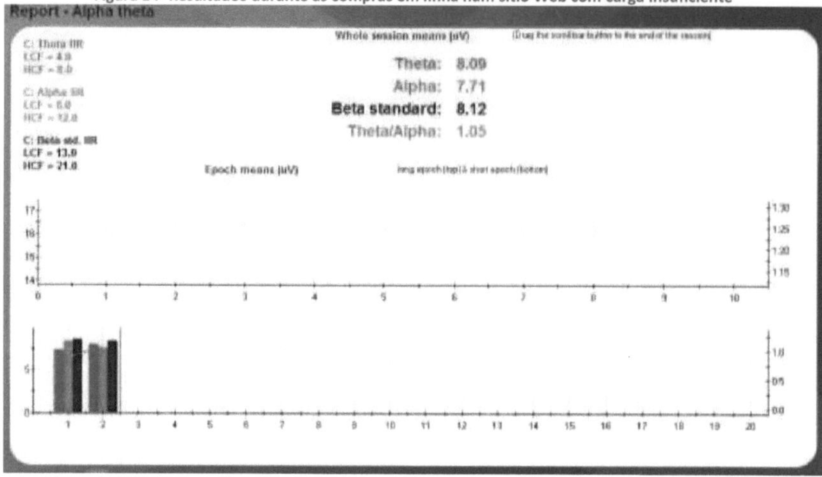

Figura 15- Teta e Alfa durante uma compra em linha num sítio Web com carga insuficiente

Estas duas imagens são amostras de um dos sujeitos enquanto tenta comprar um espetáculo da Clarks. A duração das compras é de cerca de 1 minuto. Como a duração é inferior a 2 minutos, o software não conseguiu desenhar o primeiro gráfico.

Com a utilização do teste t, verifiquei a significância dos meus dados e o resultado do SPSS também para a minha hipótese. Os resultados do SPSS são apresentados no quadro 3.

Estatísticas de uma amostra

Quadro 3- Estatísticas de uma amostra

	N	Média	Desvio Std. Desvio	Erro Std. Média
Tetamean	18	12.3128	2.49630	.58838
alfameano	18	9.7189	2.94146	.69331

Teste de uma amostra

Quadro 4- Resultados do teste t

	Valor de teste = 0					
	t	df	Sig. (2tailed)	Média Diferença	95% de confiança Intervalo do Diferença	
	Inferior	Superior	Inferior	Superior	Inferior	Superior
thetamean	20.926	17	.000	12.31278	11.0714	13.5542
alfameano	14.018	17	.000	9.71889	8.2561	11.1816

RESUMO DOS RESULTADOS DA INVESTIGAÇÃO:
Os meus resultados apoiam ambas as hipóteses, o que significa que, com o aumento da carga de informação nos sítios Web, a potência média teta e alfa altera-se. A potência teta aumenta e a potência alfa diminui. Encontrei o quadro 2, que pode ser utilizado para comparar a carga dos sítios Web, a fim de determinar se se trata de uma carga excessiva, insuficiente ou moderada.

O meu resultado mostra que se a média teta, proveniente da mente de um utilizador enquanto faz compras numa loja em linha, for igual ou superior a 12,76 e a média alfa for inferior a 8,88, então esse sítio Web está sobrecarregado de informações. Do mesmo modo, se a média theta for igual ou superior a 12,53 e a média alfa for inferior a 9,26, então esse sítio Web tem uma carga de informação moderada. Do mesmo modo, se a média theta for igual ou superior a 12,29 e a média alfa for inferior a 10,93, então esse sítio Web tem uma carga de informação insuficiente.

CONCLUSÃO E RECOMENDAÇÕES

As pessoas podem ficar sobrecarregadas com o número de opções que têm para escolher ou com a quantidade de informação sobre cada produto, como os atributos, ou com ambos. Este problema de sobrecarga pode levar a diferentes respostas, como o adiamento das compras ou a alteração do modo de fazer compras, por exemplo, deixar o mercado eletrónico e passar para os centros comerciais.

Relativamente às diferentes categorias, a razão e o grau de carga de informação serão diferentes. Por exemplo, o número de modelos de espectáculos necessários para que um comprador fique sobrecarregado é superior ao número de monitores, e o número de pacotes turísticos também é diferente. Uma vez que, na categoria moda, as pessoas utilizam maioritariamente as suas próprias preferências, é mais fácil escolher do que comprar um LCD, onde as pessoas têm de compreender muitos termos técnicos. A questão é que as pessoas devem decidir sobre mais e melhores opções e preços mais elevados.

Do mesmo modo, a atividade da memória de trabalho será diferente para cada categoria, por exemplo, para a compra de espectáculos, a concentração é completamente diferente da que se verifica quando o comprador pretende comprar um LCD. Assim, não podemos definir facilmente o número de opções necessárias para que as pessoas fiquem sobrecarregadas, pois depende do conhecimento e da experiência pessoal, do interesse e da capacidade pessoal e também da categoria do produto. Os sítios Web com pouca oferta, com base na literatura e também durante a minha experiência, quando peço aos sujeitos que comprem em sítios Web com pouca oferta, não são favoráveis para os compradores. Eles precisam de mais escolha para encontrar as suas opções favoráveis. É importante encontrar o grau favorável de carga de informação para atrair e manter os clientes.

Dispor de um instrumento para medir a carga de informação e encontrar a carga adequada para os sítios Web, bem como apresentar a informação com base na capacidade do mercado-alvo, pode ser muito eficaz para atrair clientes. A capacidade varia consoante a idade, o tipo de produto, a forma de apresentação da informação e também a capacidade individual. É por isso que temos de encontrar uma média de pessoas diferentes com antecedentes diferentes.

A média de theta para sítios Web de carga moderada é de 12,53 e para alfa é igual a 9,26. A forma que sugeri para determinar a carga de informação do sítio Web consiste em medir a média teta e alfa com um aparelho EEG e comparar essa média com a tabela. O criador de sítios Web deve testar os representantes do mercado-alvo e determinar se o sítio Web está ou não sobrecarregado. Determinei a média das ondas teta e das ondas alfa e mostrei a relação entre a carga de informação dos sítios Web e a potência teta e alfa.

TRABALHO FUTURO

Esta área de investigação é bastante recente, pelo que a minha investigação é apenas um começo. O trabalho futuro poderia consistir em medir e encontrar a potência teta e alfa para diferentes categorias de produtos. Seria interessante descobrir se os outros sinais cerebrais têm alguma correlação com a memória de trabalho. Encontrar um número máximo para cada categoria de produtos e um número mínimo para apresentar a informação no sítio Web seria muito útil na conceção de sítios Web de comércio eletrónico.

IMPLICAÇÕES

IMPLICAÇÕES

Os meus resultados são muito úteis para os criadores de sítios Web de comércio eletrónico. Podem utilizá-los testando os seus sítios Web com um aparelho EEG. Podem pedir a um certo número de pessoas do seu mercado-alvo que façam compras nos seus sítios Web enquanto medem os seus sinais cerebrais e, comparando a média teta e alfa com o quadro 2, podem descobrir se o seu sítio Web está sobrecarregado, moderadamente carregado ou subcarregado.

Os web designers de comércio eletrónico podem melhorar a atratividade dos seus sítios Web e ajudar os compradores a melhorar a qualidade das suas decisões. Isto pode ajudar a prosperar as compras em linha.

BIBLIOGRAFIA

Ackoff, R. L. (1967). Management misinformation system. *management science* , 147-156.

agosto, D. E. (2002). Bounded Rationality And Satisficing In Young People's Web Based Decision Making. *Journal of American Society for Information Science and Technology* , 16.

Baddeley, A. (1986). working memory. *Oxford University Press*.

Baddeley, A. (2003). Memória de trabalho: olhar para trás e olhar para a frente. *Nature Reviews Neuroscience* , 435-444 .

Baddeley, A., & Hitch, G. (1974). Memória de trabalho, avanços recentes na aprendizagem e motivação. *Imprensa académica de Nova Iorque.*

Bakos, J. Y. (1991). Information Links and Electronic Marketplaces: The Role of Interorganizational Information Systems in Vertical Markets. *ACM* .

Bunge, S. A., Ochsner, K. N., Desmond, J. E., Gloverm, G. H., & Gabrieli, J. D. (2001). Regiões pré-frontais envolvidas na manutenção da informação dentro e fora da mente. *Brain* , 2074-2085.

Chernev, A. (2006). Decision focus and consumer choice among assortments. *Journal of consumer research* , 50-59.

Chewning, E. C., & Harrel, A. m. (1990). O efeito da carga de informação nos níveis de utilização de dicas dos decisores e na qualidade da decisão na tarefa de decisão sobre dificuldades financeiras. *Accounting organization and society* , 527-542.

Cohen, J. D., Perlstein, W. M., Braver, T. S., Nystrom, L. E., Noll, D. C., Jonides, J., et al. (1997). Dinâmica Temporal da Ativação Cerebral Durante uma Tarefa de Memória de Trabalho. . *Nature* , 604-607.

DeJang, P. F., & Das-Smaal, E. A. (1995). Atenção e inteligência: a validade do teste de contagem de estrelas. *Journal of educational psychology* .

Elul, M. R. (1972). A génese do EEG. *International review of neurobiology* , 227-272.

Eppler, M. J., & Mengis, J. (2004). O conceito de sobrecarga de informação: A review of literature from organization science, accounting, marketing, MIS, and related disiplines. *The information science* , 325-344.

Fama, E. F. (1998). Market efficiency, Long-Term Returns, and Behavioral Finance. *Journal of finance economies* , 238-306.

Fornaciari, C. J., Loffredo, R., & Maria, F. (1999). A era da desordem: conduzir uma investigação eficaz utilizando a Internet. *Journal of management education* , 732.

Grover, V., Lim, J., & Ayyagari, R. (2006). The dark side of information and market efficiency in E-markets. *Decision science* , 297-309.

Haubl, G., & Trifts, V. (2000). Consumer decision making in online shopping environment: the effect of interactive decision aids. *marketing science* , 4-21.

Hunter, G. L. (2004). Information Overload: Guidance For Identifying When Information Becomes Detrimental To Sales Force Performance. *Journal of personal selling and sales management* , 91-100.

Iselin, E. R. (1993). The effect of information and data properties of financial ratios and statements on managerial decision quality. *Journal of business and accounting* , 249.

Iselin, E. R. (1988). O efeito da carga de informação e da diversidade de informação na qualidade da decisão numa tarefa de decisão estruturada. *Accounting, organization and society* , 147-164.

Iyengar, S. S., & Leppe, M. R. (2000). Quando a escolha é desmotivante: Pode desejar-se demasiado de uma coisa boa? *Journal of personality and social psycology* , 995-1006.

Jacoby, J., Speller, D. E., & Kohn, C. A. (1974). Brand choice behavior as a function of information load: replication and extention. *Journal of consumer research* , 33-42.

Jensen, O., Gelfand, J., Kounios, J., & Lisman, J. E. (2002). Oscilação na banda Alfa (912Hz) aumenta com a carga de memória durante a retenção na tarefa de memória de curto prazo. *Cerbal Cortex* , 877-882.

Kahana, M. J., Seeling, D., & R, M. J. (2001). Theta Returns. *Neurologia do comportamento* , 739744.

Keller, K. L., & Staelin, R. (1987). Effects of Quality and Quantity of Information on Decision Effectiveness (Efeitos da Qualidade e da Quantidade de Informação na Eficácia da Decisão). *Journal of Consumer Research* , 200-213.

Klimesch, W. (1996). Processos de memória descritos como oscilações cerebrais nas bandas alfa e teta do EEG. *Psicologia* .

Klimesch, W., Russegger, H., Doppelmayr, M., & Pachinger, T. (1998). Mudanças de potência de banda induzidas e evocadas numa tarefa de oddball. . *Electroenceph clin Neurophysiol* , 123-130.

Klimesch, W., Schimke, H., & Schwaiger, J. (1994). Memória episódica e semântica: uma análise na banda theta e alfa do EEG. *Electroenceph clin Neurophysiol* , 428-441.

Krause, C. M., Sillanmaki, L., Koivisto, M., Saarela, C., Haggqvist, A., Laine, M., et al. (2000). The effect of memory load on event-related EEG desynchronization and synchronization. *Clinical Neurophysiology* , 2071-2078.

Kyllon, P. C., & Christal, R. E. (1990). A capacidade de raciocínio é (pouco mais do que) a capacidade de memória de trabalho. *Intelligence* , 389-433.

Lee, W. P. (2004). Aplicação do conhecimento do domínio e da informação social à análise e recomendação de produtos: um sistema de apoio à decisão baseado em agentes. *Expert system* , 138-148.

Malhotra, N. K. (1982). Information load and consumer decision making. *The journal of consumer research* , 419-430.

Milgram, S. (1970). The esperience of living in cities. *science* , 1461-1468.

Miller, J. A. (1956). O número mágico sete mais ou menos dois: Alguns limites à nossa capacidade de processar informação. *Psychological Review* , 81-97.

Owen, R. S. (1992). Clarifying the simple assumption of information load paradigm. *advance in consumer research* , 770-776.

Ray, W. J. (1990). O sistema electrocortical. *Princípio de psicofisiologia* , 385-412.

Sanei, S., & Chambers, J. A. (2007). *Processamento de sinais EEG.* wiley.

Scammon, Debra L, (1977), Information Load and Consumers, *Journal of Consumer Research,* 148-55,

Schick, A. G., Gorden, L. A., & Haka, S. (1990). Information overload: a temporal approch. *Accounting organizations and society* , 199-220.

Schultze, U., & Vandenbosch, B. (1998). Information overload in a groupware environment: Now you see it, now you don't. *Journal of organizational computing and electronic commerce* , 127-148.

Shaw, J. C. (1984). Análise de correlação e coerência do EEG: Uma revisão tutorial selectiva. *Revista internacional de psicofisiologia* , 255-266.

Simon, H. A. (1955). A behavioral Model of Rational Choice. *Quarterly journal of economics* , 99-118.

Speier, Valacich, & Vessy. (1999). The influence of task interruption on individual decision making: An information overload perspective. *decision science* , 337.

Swain, M. R., & Haka, S. F. (1999). Effect of information load on capital budgeting decisions. *Behavioral research in accounting* , 171-199.

Welsh, W. C. (1988). Avaliação do funcionamento do lobo frontal em crianças: Views from Developmental Psychology. *Developmental Neuropsychology* , 199-230.

Wilkie, W. L. (1974). Análise do efeito da carga de informação. *Journal of marketing research* , 462-466.

APÊNDICE I - Seleção dos sítios Web

	no1						não2					
	tempo	certeza	confuso	melhor	informação	sobrecarga	retorno	tempo	certeza	confuso	melhor	informação	sobrecarga	retorno
1	20	3	1	5	1	9	3	40	3	1	1	1	5	1
2	17	3	1	7	3	5	5	45	5	1	1	5	7	3
3	10	5	1	3	5	3	5	5	9	1	1	1	1	5
4	32	5	3	7	5	5	3	20	7	1	3	3	3	5
5	12	1	1	3	1	5	3	11	7	1	1	1	3	3
6	14	3	3	5	3	5	3	40	7	1	3	3	5	3
7	10	1	5	5	3	5	3	20	5	5	5	1	5	3
8	37	5	3	5	1	7	3	17	3	1	1	3	5	1
9	23	5	1	5	1	9	5	15	5	1	1	5	7	5
10	8	1	1	5	5	7	3	35	7	1	3	3	5	5

média 18.   3624 .   84.6

	não3							não4						
	tempo	certeza	confuso	melhor	informação	sobrecarga	retorno	tempo	certeza	confuso	melhor	informação	sobrecarga	retorno
1	35	5	1	7	1	9	3	7	9	1	3	5	3	1
2	14	5	1	5	3	7	1	3	7	3	3	3	1	3
3	3	9	1	3	5	3	5	4	5	1	1	9	1	5
4	10	7	5	3	3	3	5	8	9	1	1	1	1	1
5	21	1	1	7	3	5	5	2	1	3	1	7	1	1
6	20	5	3	7	3	3	3	10	7	1	3	1	1	1
7	8	1	5	9	5	5	1	5	9	1	1	7	3	3
8	21	5	3	5	3	5	3	4	7	3	5	5	3	1
9	7	9	1	3	1	9	5	10	9	1	1	1	1	1
10	8	7	5	5	3	3	3	4	7	1	3	5	3	3

média 14.　75.　25.　71.8

	não5							não6					
	tempo	certeza	confuso	melhor	informação	sobrecarga	retorno	tempo	certeza	confuso	melhor	informação	sobrecarga	retorno
1	8	5	5	5	5	3	7	15	7	7	7	9	7	5
2	10	6	7	5	3	1	3	6	7	3	5	5	5	1
3	4	9	1	3	3	1	5	3	9	1	1	1	1	5
4	15	7	3	5	3	3	3	7	9	1	5	3	1	3
5	3	1	7	1	7	3	1	2	1	5	1	7	3	3
6	10	7	1	3	1	1	1	13	7	1	5	7	1	1
7	15	5	1	5	3	5	3	15	9	1	3	3	3	3
8	8	3	3	3	7	1	1	2	1	1	1	1	1	1
9	11	9	1	5	5	1	5	5	3	3	3	5	5	3
10	21	7	1	1	1	3	1	17	5	7	5	3	5	5

média 10.   52.   28.   53.2

I want morebooks!

Buy your books fast and straightforward online - at one of world's fastest growing online book stores! Environmentally sound due to Print-on-Demand technologies.

Buy your books online at
www.morebooks.shop

Compre os seus livros mais rápido e diretamente na internet, em uma das livrarias on-line com o maior crescimento no mundo! Produção que protege o meio ambiente através das tecnologias de impressão sob demanda.

Compre os seus livros on-line em
www.morebooks.shop

Printed by Books on Demand GmbH, Norderstedt / Germany